成功的家教 塑造优秀的孩子

殷余忠 ◎编著

家庭教育实践操作宝典

北方妇女儿童出版社
·长春·

图书在版编目（CIP）数据

成功的家教塑造优秀的孩子 / 殷余忠编著. -- 长春：北方妇女儿童出版社，2018.6
ISBN 978-7-5585-2308-3

Ⅰ. ①成… Ⅱ. ①殷… Ⅲ. ①家庭教育Ⅳ. ①G78

中国版本图书馆CIP 数据核字（2018）第110609号

成功的家教塑造优秀的孩子

CHENGGONG DE JIAJIAO SUZAO YOUXIU DE HAIZI

出 版 人：刘　刚
策　　划：师晓晖
责任编辑：熊晓君
装帧设计：李亚兵
开　　本：880mm×1230mm　1/32
印　　张：6
字　　数：150千字
版　　次：2020年7月第1版
印　　次：2020年7月第1次印刷
印　　刷：三河市元兴印务有限公司

出　　版：北方妇女儿童出版社
发　　行：北方妇女儿童出版社
地　　址：长春市人民大街4646号
电　　话：总编办：0431-85644803
　　　　　发行科：0431-85640624

定　　价：45.00元

序 言

家庭,是社会的细胞,也是孩子启蒙的摇篮;孩子,是家庭的希望,也是国家和未来社会的主人。家庭作为社会的重要组成部分,理应承担一定的社会责任。其中,最为重要的社会责任之一便是家庭教育。古人云"欲治其国,先齐其家",这充分说明了家庭教育的重要性。家庭教育的好坏已直接影响到一个孩子整体素质的优劣,影响到一个民族的兴衰。我国古代素有重视家庭教育的优良传统,还特别重视总结积累家庭教育的经验,给后人留下了丰富的家庭教育文化遗产。诸如以魏晋南北朝时期颜之推的《颜氏家训》、宋朝袁采的被称为"《颜氏家训》之亚"的《袁氏世范》和司马光的《温公家范》为代表的古代家训,就有几百种之多,还有许多论述家庭教育的文章与不计其数的教子家书和诗词,都是宝贵的精神财富。这么丰富的家庭教育文化遗产,在整个世界上是绝无仅有的,是任何国家都不能比拟的。到近现代,重视家庭教育的传统继续发扬,民国年间出版发行了几十种家庭教育方面的著作和大量的文章。最有代表性、流传最广泛的是:民国初年广东省省长朱庆澜先生的《家庭教育》一书,鲁迅先生以《我们现在怎样做父亲》为代表的一系列家庭教育文章。特别是陈鹤琴先生的《家庭教育》一书,自 1925 年问世以来,到今天还继续再版,在长达半个多世纪的岁月里,再版达二十次之多。进入 21 世纪,世界多极化、经济全球化、市场一体化、价值多元化的趋势越来越明显,我国思想、政治、经济、文化、教育等各个领域都已发生了翻天覆地的变化,深化改革、社会转型,经济建设、政治建设、文化建设、社会建设以及生态文明建设正在全面推进,工业化、信息化、城镇化、市场化、国际化正在深入发展。所以,家庭教育也需要树立与时代发展、社会变革乃至人才观念相应的科学理念。在温饱都不能解决的过去,父母忙于谋生,苦难的生活便成了给予孩子最好的接受磨炼和教育的课堂;但在经济富裕的今天,家庭结构已经出现了很大的变化,科学地培养孩子显得尤为重要。高尔基曾经说过:“爱护自己的孩子,这是母鸡都会做的,但教育好孩子却是一门艺术。”爱是父母的本能,但是,如何在爱的基础上让孩子更好地成长,这是每一个家长必须思考的问题。

由于受当前社会大环境和应试教育的影响,一些家长认为教育孩子是学校和教师的事情,与己无关,家长与教师之间缺乏有效的沟通,不能配合教师对孩子进行教育。孩子出了问题之后,家长往往只是一味感叹孩子没遇上好教师甚至指责学校误人子弟;一些家长对孩子期望值过高,“望子成龙、望女成凤”心切,把家庭教育的着眼点放在孩子将来“有出息”上,进行功利性教育,剥夺孩子起码的休息、游戏、娱乐的时间,逼迫孩子参加各种“特长班”学习,扼杀了孩子全面发展的自由个性;一些家长把自己当年未实现的理想寄托在孩子身上,为子女设计一条理想的成长之路,不顾孩子的基础和特长,导致孩子承受了巨大压力,催生了孩子的逆反心理和对抗行为,家长自己也苦恼不已;一些家长对市场经济新形势和未来社会竞争的认识偏颇,忙于家务活或打工挣钱,无暇顾及孩子,对孩子盲目溺爱或疏于管理,对于孩子好斗逞强、贪小便宜、耍小计谋等行为倍加鼓励,助长了不正当思想意识的形成,滋长了孩子骄横跋扈的气焰;一些家长教育方式简单粗暴,过分严厉,甚至认为“棍棒下面出孝子”,觉得孩子是打出来的,对孩子动辄打骂、训斥、体罚等,长此以往,孩子变得胆小、退缩、冷漠,或以攻击和敌意对待他人等。诸如此类问题的产生,一方面是由于家长缺乏学习,不能与孩子共同成长,另一方面是当前家庭教育理论门派林立,缺少一套可供家长实践操作的家庭教育用书。

正因为如此,我们在从事近10年家庭教育研究的基础上,坚持把心理健康教育理论运用到家庭教育中,为家长做了几百场辅导讲座,每次讲课均受到了家长的热烈欢迎,课后与家长互动,家长提出了许多孩子教育的问题,笔者筛选出了其中多个问题,将其编辑成书。所以,一定程度上本书是笔者多年家庭教育实践的结晶。通观本书,不难发现有以下几个特点:一是针对性强。本书中的案例,是笔者从上千个孩子家庭教育问题中精选出来的,都是家长迫切需要解决的案例,这些案例具有相当的普遍性和代表性。二是实践性强。笔者从中小学心理健康教育的理论和实践出发,在对案例进行科学分析的基础上,提出了具体的教育方法和策略,具有较强的实践性。三是可读性强。本书在具体问题的解答中,说理透彻,分析清晰,内容翔实,通俗易懂,具有较强的可读性。

世界上有许多事情可以等待、可以重来,唯独孩子的成长不能等待,不可重来。青少年是民族和国家的未来,是可持续发展的生力军,他们的健康成长不仅是每一位父母应尽的责任,也是全社会共同的责任。为了孩子,让我们携起手来,共同担当起教育的责任!

是为序。

2017年6月25日

目录
Contents

物质建设篇

家教方法篇

沟通交流篇

语言艺术篇

Vintage for you

物质建设篇

家庭住房巧布置
——如何建设家庭物质环境

瑞典教育家爱伦·凯指出:环境对一个人的成长起着非常重要的作用,良好的环境是孩子形成正确思想和优秀人格的基础。家庭的物质环境是指家庭中孩子经常接触的人、事、物等有形的、具体的、客观存在的环境,比如,家庭结构状况、生活水平、居住条件、图书玩具的购置等,家庭的物质环境影响、熏陶和感染着孩子的身心发展。

圆圆,女,13岁,初一年级学生。圆圆的爸爸是镇上的一名普通工人,妈妈在城里的一家饭店当服务员,每天早出晚归。圆圆从小就喜欢读书,虽然家里住房条件不太好,但经常可以看到圆圆面对窗户坐着,午后的阳光照在她的圆脸上,使她的两颊更加红润,她双手捧着书,晶亮的眸子缓慢游动着,如同一只饥饿的小羊闯进芳草嫩绿的草地,如同鱼儿进入了大海,忘记了时间的流逝。今年毕业考试时,圆圆考到了城里的重点中学,爸爸妈妈拿出多年的积蓄,在城里买了一套新房。一家人非常开心,特别是圆圆妈妈,一谈到此事经常笑得嘴都合不拢。但笑过之后,圆圆妈妈又有点担心,不知该如何装修新房,给孩子一个理想的读书环境。

家庭是孩子成长的摇篮，孩子一生的成长总是会打上环境的烙印。家庭的物质环境不仅会影响到孩子的消费观念，也会影响到孩子的自我意识和人生设计，直接关系到孩子道德意识和行为习惯的养成。家长要根据家庭物质基础和经济收入，因地制宜地营造一个有利于孩子健康成长的物质环境。那么，应该如何创造孩子健康成长的物质环境呢？

1. 营造一个静谧的环境

俗话说，静能生慧。当孩子身处在一个安静祥和的家庭环境中时，就能静下心来好好学习、阅读、成长，这对孩子汲取书籍、生活、师长传授的知识很有帮助。家长要尽可能地避免因喧哗、争吵等造成的噪声污染，让孩子静下心来思考，静下心来学习，静下心来分析。这样，孩子的智慧才会越生越多，智商才会逐步得到提升。

2. 营造一个美丽的环境

生活在一个有着花香、草香、整洁美丽的家庭环境中，就会提升孩子对美感的发现能力，收获更多正能量，就能集中精力学习和探索周围的事物。为此，家长一方面要和孩子一起将家里布置得干净整齐，另一方面要种植一些漂亮的花草，提供孩子发现美、欣赏美、鉴别美和创造美的机会和源泉。

3. 营造一个学习的环境

在有条件的情况下，家长要为两个孩子各准备一个专门的房间让孩子安心学习。房间要整洁、明亮，布置简洁舒适即可，不需要繁复的装饰。电脑和电视不要放在孩子的房间里，玩具收起来放到柜子或箱子里，以免在孩子学习的时候分散注意力。如果家里条件尚不具备，家长也要为孩子准备一个学习角，安置书桌和椅子，让孩子有一个安心学习的地方。同时家长要选择一些孩子感兴趣的图书，比如，古今中外的名著或百科全书等，通过亲子共读、名著赏析、知识竞赛等形式，增加孩子的阅读兴趣，保护孩子的探究欲望。除了书籍以外，与孩子日常生活密切相关的报纸、杂志、书信、多媒体、影像资料等也可以作为孩子的阅读材料，通过阅读丰富孩子的知识，拓宽孩子的视野。

4. 营造一个安全的环境

家长要为孩子营造一个安全的环境，防止孩子受到意外伤害。厨房、浴室、客厅都要铺设防滑地砖或地毯，要防止床缘、家具、墙角伤人，阳台要安装防护设施，老化的线路或电气设备要及时更换，楼梯的照明应充足等，让孩子在安全的环境里自由活动。

5. 营造一个私密的环境

孩子和大人一样，也需要有独处的时候，需要在繁忙活动中插入片刻的宁静，断开与他人的交往，调节身体的张弛状态。为此，家长要给孩子提供一个单独的房间，住房不宽裕的家庭也要给孩子辟出一个角落，用家具、屏风或布帘隔开，使孩子在需要时可以不受干扰地待一会儿。当孩子关上房门、拉上布帘，也就划出了疆界，家长不能因为孩子小而无视它的存在。如果需要进入，就应征得孩子的同意，否则，这个空间就形同虚设、毫无意义。另外，家长还要给每个孩子设置一个可以安全存放重要物品的抽屉或橱柜，帮助孩子把美好记忆珍藏起来。

家庭环境对人的影响最深刻，家庭生活给人身心发展所打上的烙印，终生难以磨灭，在人的一生成长发展过程中起着重要作用。著名教育家蒙台梭利认为："教育的基本任务是让孩子在适宜的环境中得到自然的发展。"只有创建一个有利于孩子发展的物质环境，充分挖掘和发挥家庭当中蕴含的人力、物力、财力以及信息资源，才能为孩子的健康成长开辟一条康庄大道。

家庭书房促进步
——如何建设家庭小书房

家庭是社会的基本组成单位，每个家庭的文明素养直接关系着整个社会的文明水平。推进学习型家庭建设,建设好家庭书房,发挥好小书房的育人效应，营造浓厚的学习氛围，从小培养孩子“与书交友”的良好习惯,可以让小小书房伴随着孩子健康成长。

旭旭,男,8岁,小学二年级学生。旭旭的爸爸是一名环卫工人,妈妈是单位清洁工。旭旭学习非常认真,而且喜欢读书,每次去新华书店,旭旭总要在新华书店里待上半天时间,静静地享受读书时光。由于家庭住房比较紧张,旭旭读书、写字只能在客厅的饭桌上凑合着,耳边时不时传来炒菜声、洗刷声、对话声等,好在旭旭并不太在意,每次作业总能认真对待。去年下半年,旭旭家的房子拆迁,分配到了新房,虽然新房面积比较小,但爸爸妈妈还是决定给旭旭装修一间小书房,为孩子提供一个好的学习环境,但又不知道该如何布置小书房。

家庭小书房主要由独立书房、桌椅、书架、照明以及各类藏书组成。建设好家庭小书房,是培养孩子道德素质和学科素养的有效途径,对于提升家庭乃至社会的文明程度都具有深远的历史意义。那么,应该如何建设好家庭小书房呢?

1. 因地制宜

家庭小书房的建设可以因地制宜。楼梯的拐弯处、卧室外的小阳台、卧室的一角等都可以装饰成小书房，悬空隔板设计作为书桌，视觉上更为简便清爽；桌面一束娇媚的插花，可以点亮空间的小趣味；简约的吊灯和一把吉他可以让小书房里文艺气息满满；一扇小窗正对着户外的绿荫婆娑，抬头间就能赏心悦目。

2. 空间明亮

设计家庭小书房应以简单整洁为主，切勿摆放太多不必要的东西，特别不要有玩具，以免影响孩子学习时的注意力，书桌椅子等不要摆放在房屋中间位置，以免显得拥挤。为了避免孩子长时间阅读造成眼睛疲劳，小书房要保持宽敞明亮，配备色度较接近自然光、不闪烁且稳定的、能有效散热的灯具，以减轻孩子视觉负担。

3. 装修淡雅

小书房的墙面最好以浅色为主，可以根据孩子的爱好选用浅蓝色、浅米色、浅绿色的墙纸或涂料，这样会让小小的空间显得明净、柔和、典雅。

4. 环境安静

小书房是孩子学习和工作的场所，相对来说比较需要安静，位置最好远离客厅、门厅等处。装修小书房时要选用隔音吸音效果好的装饰材料，天棚可以采用吸音石膏板吊顶，墙壁可采用 PVC 吸音板或软包装饰布等装饰，窗帘可以选择较厚的材料，以阻隔窗外的噪音。

5. 书籍众多

家庭小书房的硬件建设难度不大，难的是如何选书、如何培养孩子的阅读习惯。很多孩子家里的书大多是习题集、作文书等教辅书，课外阅读书比较少，这不利于拓宽孩子视野，其实，名著佳作、百科全书、报刊文摘等都可以作为孩子的阅读材料。

在古时候，书房又称书斋，是文人墨客们读书、会客兼以书画之地，唐代诗人王勃有诗《赠李十四》曰：“直当花院里，书斋望晓开。”说的便是闲庭信步之余，隔空便能闻到阵阵书香。一个书房、一本好书、一个故事，甚至是书中的某一句精辟的话都可能会影响一个人的一生。小书房不仅是孩子放置书本的房间，而且是孩子学习知识的教室，也是思考问题的净室，更是孩子放松心情的花园，小书房中摆放一些绿色植物，不仅可以净化空气，而且有助于孩子保护视力，还可以让孩子放松心情。家庭拥有一个小书房，孩子就有了一个独立的阅读空间，就有了一个自己的世界，在书香的熏陶下，心就能慢慢静下来，阅读习惯就会随之养成。

家谱数册传风尚
——如何发挥家谱作用

家谱是一个家族的历史记载，是史学的重要组成部分。家谱能够比较真实地反映当时的历史面貌、时代精神、社会风尚，了解在那个时代人们的生产、生活情况。家谱是珍贵的人文资料，对于历史学、民俗学、人口学、社会学、经济学和教育学的深入研究，有着不可替代的独特功能。

彬彬，男，15岁，初二年级学生。彬彬聪明伶俐，能言善辩，学习成绩稍有进步，彬彬就有点趾高气扬。今年三月份，村上准备续修顾氏家谱，爸爸积极响应。前天晚上，爸爸参加完家谱续修会议后，回来和家人谈起了这件事。彬彬对家谱非常感兴趣，忙问爸爸："我只记得爷爷，爷爷往上我不记得了，不知道我们家的祖先是谁？"爸爸忙回答："家谱中记载我们是顾炎武的后裔，小时候，由于家庭的缘故，顾炎武被送给他的叔叔抚养。叔叔婶婶对他很好。不幸的是，叔叔很早就去世了，顾炎武只好由婶婶抚养成人。婶婶出身书香门第，喜欢读书，有学问，而且对顾炎武也十分疼爱，为了教育顾炎武，婶婶经常给顾炎武讲历史故事，教顾炎武读书、识字。聪明的顾炎武在婶婶的悉心教育下，学到了不少的知识，受到了邻居的夸奖，年幼的顾炎武不禁有些飘飘然了。婶婶及时发现了顾炎武的这种思想苗头，让顾炎武背诵宋朝刘基写的《卖柑者言》这篇文章，然后，婶婶问：'这篇文章写的是什么意思，你知道吗？'顾炎武说，文章揭露了某些人'金玉其外，败絮其中'，华而不实。婶婶意味深长地说：'如果一个人刚刚有了一点进步就骄傲自满，满足于一知半解,这和‘金玉其外,败絮其中’又有什么区别呢?’顾炎武惭愧地低下了头。从此,顾炎武谦虚谨慎,经过长期的努力,终于成为一代大家。”“啊,顾炎武是这么成功的。”彬彬在一旁惊讶地说道。“顾炎武不仅能吃苦,而且心系天下,‘天下兴亡,匹夫有责’这句话就是他说的,你们现在正是青春年少,要向祖先学习,学好文化,报效祖国啊!”爸爸继续说道。彬彬听完以后,若有所思,到一边做作业去了。爸爸在高兴的同时又有点困惑,不知该如何更好地发挥家谱作用,让孩子受到更好的教育。

虽然古时候有些家谱受当时历史条件的限制，存在一定的缺陷,但家谱中所保存的家规、家训以及治家格言等,比如,“睦族人”“和亲友”“恤孤贫”以及“戒赌博”“戒奢侈”“戒懒惰”“戒淫逸”等,从一开始就对家族成员的行为举止做出规范，具有较强的宣传教育功能，其蕴含的思想教育信息凝聚着家族在发展过程中形成的价值取向和经验智慧,如果经过科学的扬弃、取舍,家谱完全可以作为家庭教育的重要教材。那么,应该如何正确发挥家谱的作用呢?

1. 寻根留本

如何把祖辈、父辈的历史让孩子代代相传,这就需要发挥家谱的作用。古人云:“谱牒身之本也。”意思是家谱能告诉孩子:你是谁?你从哪儿来？通过家谱追根溯源,能帮助每个孩子找到在家族中的地位和使命。

2. 辨别世系

如果有了世系姓名明确、人口寿命增长清楚、家庭或家族迁徙流向明晰、血缘关系与婚姻情况显明的家谱,就可以保持对家庭、家族人口资料的连续性,也可为当代及后代家人、族人的科学研究和繁衍提供一份可供参考的人口档案。

3. 凝聚人心

俗话说:“亲不亲,故乡情”。“参天之木,必有其根,怀山之水,必有其源”。中华根祖文化源远流长,寻根问祖、追本溯源是所有炎黄子孙不变的情结。现在许多家谱已进入了数字化时代,全免费、可查询、集贴图、视频、博客于一身的数字化家谱给结缘提供了方便，无论是文字、照片、视频都可以在电脑或手机上轻松分享，一个同心圆可以把孩子与家人紧紧联系在一起，通过家谱和档案可以凝聚人心，增强每个孩子的自豪感和向心力。

4. 增知育人

家谱是很好的教材，许多家谱都有家训家规，这些家训家规规范了族人的言行，可以帮助孩子格物、致知、正心、诚意、齐身、治国、平天下。许多家谱中还收录了历代名人和他们的经典故事，有很多东西在学校里是学不到的，能很好地陶冶孩子的情操，激励每个孩子热爱生活，奋发向上，为国贡献。

5. 承前启后

家长和孩子一起通过学习家谱、讲述家族故事、画家谱图等，可以培养孩子的感恩之心，感谢先人千辛万苦创业和育人，为社会创下的丰功伟绩；还可以通过诵读活动要求每个孩子牢记历史使命，把先辈的精神一代一代传下去。

“国有史而知兴替，家有谱而世系明”。家谱是一种特殊的文献，就其内容而言，是中国五千年文明史中具有平民特色的文献，是记载同宗共祖血缘集团世系人物和事迹等方面情况的历史图籍。过去，曾一度将家谱视为“封建糟粕”“宗法残余”而加以排斥和否定，其实，家庭、家族和血缘关系、亲情关系是一个客观存在的事实，是无法摆脱和割断的，家谱作为一种历史记录形式和工具，本身是无所谓姓“封”或姓“社”的，关键在于如何掌握它、续写它、使用它。家长善于发挥家谱的作用，家谱就可以起到寻根留本、凝聚人心、结缘关爱、增知育人和承前启后的作用，把优秀传统家族文化继承和发扬下去。

家童用钱妥安排

——如何指导孩子使用零花钱

零花钱也叫零用钱，是家长或长辈给孩子自己支配的资金。孩子有合理需求的时候，给孩子一定的零花钱，由孩子自行支配，让孩子体会花“自己”钱的感受，可以训练孩子懂得规划和管理零用钱，学会控制欲望，养成好的消费习惯。

晨晨，女，十岁，小学三年级学生。晨晨爸爸妈妈经过商议，决定将晨晨每月零花钱定为47元。晨晨每个星期要参加小提琴、英语两个培训班，来去的路费需要8元，四个星期32元，还剩下15元可以自由支配。晨晨欣然地接受了父母的决定，月初就认认真真按照爸爸妈妈指定的格式写出一份报告然后领取零花钱，每个月的这个时候晨晨都最高兴，拿到零花钱时兴奋得两眼放光。开始几周，晨晨耍起了小聪明，每次周末特长班学习，就背着爸爸妈妈找爷爷要车费，直到有一次，晨晨的钱包放在书桌上，爸爸发现里面竟然有六十多元钱，感觉不对，一经“严刑逼供”，晨晨羞答答地告诉爸爸，每周的车费由爷爷出，晨晨爸爸哈哈大笑，拍着女儿的脑袋说：“聪明的女儿，几个月就积累了这么多钱，不错不错，不过……”爸爸话还没说完，晨晨拍了一下爸爸的肚子说：“好啦，好啦，别不过不过了，我知道，下次不找爷爷要钱……哼！真小气！”说完，晨晨对着爸爸做了个鬼脸。有一次放学回家路上，晨晨的零花钱丢失了，回到家里伤心得直流泪，因为当时只过了半个月，钱没啦，下半个月的路费怎么办？妈妈一看女儿流泪就心软，爸爸却悄悄地把妈妈拉到一边说：“别心软，要给她一个教训！让她自己想办法”，于是妈妈硬着心肠，走到女儿面前假装威严地说："钱掉了，责任在你，我们不会再给你钱，这是对你不保管好自己财产的惩罚，你可以通过劳动或优异成绩获得奖金。""没爱心的妈妈，女儿遇到了困难不知安慰，还大谈惩罚！告诉你们过几天我单元考试，考完后你们自然会乖乖地给我送奖金。"说完，晨晨就埋头看书。那几天晨晨很卖力，在家里抢着家务做，学习也格外用功，语数单元考试成绩出来，两门都获得了班上第一名的好成绩，那一次，晨晨获得了 15 元的奖励。由于省吃俭用，晨晨的零花钱逐渐多了起来，年终她用零花钱给妈妈送了一个小镜子，给爸爸买了一本书，给奶奶买了一条丝巾，给爷爷买了一张贺卡。

孩子花零花钱的行为与社会从众心理的影响、家长消费的情况和孩子自我控制能力等因素有关。科学地指导孩子使用零花钱，可以帮助孩子学会控制欲望，养成好的消费习惯，能帮助孩子更从容地面对生活，积攒更多的财富。那么，应该如何正确指导孩子使用零花钱呢？

1. 分清"需要"和"想要"

家长要帮孩子分清楚"需要"和"想要"，即让孩子明白有没有做到理性消费，有没有冲动消费，有没有造成浪费。对孩子"需要"的东西，家长要尽量满足；对孩子"想要"的东西，家长要分情况区别对待，该拒绝时要坚决拒绝。

2. 克服"冲动"和"虚荣"

孩子年龄尚小，抵制诱惑的能力比较弱，很容易出现"冲动"消费，乱花零花钱的现象，这时家长就要指出孩子消费中的冲动之处，指导孩子管理好自己的金钱，理智地对待消费。孩子在消费的过程中有时会出现虚荣心理，这时家长要正确引导孩子，做到有效理财，不让孩子被虚荣心控制。

3. 学习"技巧"和"方法"

家长要教给孩子一些最基本的消费技巧和方法。比如，如何利用好优惠券，买东西时如何货比三家等。这些技巧能够让孩子"花小钱办大事”。经常这样,不仅可以节省零花钱,而且可以发展孩子人际交往的能力。

4. 懂得“量力”和“适度”

家长要让孩子了解家庭的财政收支情况，明白家庭的经济承受能力,给予孩子合适的零花钱,让孩子适度消费,在家庭的经济承受能力范围内来消费。这样,才能够让孩子做到理性消费,培养孩子正确的消费观念。

5. 巧妙“拒绝”和“制止”

在拒绝孩子乱要零花钱的行为中,制止的技巧非常重要。如果处理不当,孩子会很受伤,甚至会引发亲子冲突。首先,通过民主协商,约定每周或每月只能给多少零花钱。其次,对于已经约定的内容要坚决执行,如果孩子哭闹,家长要坚定地告诉孩子:“哭闹没有用,到期才能给。”如果孩子依然哭闹,家长可以冷处理。

如果孩子过度注重物质享受,乱花零花钱,不仅加重家长的负担,也会消磨掉孩子艰苦奋斗的意志,导致孩子盲目追求高消费,形成崇尚物质、任性自私、好逸恶劳等不良性格,不利于孩子的健康成长。作为家长,应以身作则,向孩子传递正确的消费观,教给孩子合理消费的常识,纠正孩子乱要或乱花零花钱的行为。相信只要家长耐心坚持,一定会起到有效提高孩子财商的效果。

家庭银行练理财

——如何建设家庭银行

随着经济的增长，人们生活水平的提高，家长给孩子的零花钱越来越多，如果孩子没有理财能力，家长给多少钱孩子都能把它花光。因此，很多家长为给孩子多少零花钱而头疼，给多了害怕孩子养成花钱大手大脚的毛病，给少了又怕对孩子学习理财、合理支配金钱不利。要解决这个问题，就要建立家庭银行，培养孩子的理财兴趣和理财能力，学会节省，知道储蓄。

穗穗，女，9岁，小学三年级学生。前几年，穗穗的爸爸妈妈辞去单位工作，下海经商去了。经过几年的打拼，穗穗爸爸妈妈的腰包渐渐鼓起来了。爸爸妈妈心想平时生意较忙，很少陪伴孩子，总觉得欠孩子很多，决定用零用钱补偿对孩子的爱，每周给穗穗的零用钱多则几百，少则八九十。穗穗每周拿到零花钱后，乱花钱的现象逐渐严重起来，不是请同学吃喝就是乱买东西，买零食吃没有节制，不计后果。今年春节，穗穗拿到了很大一笔压岁钱。妈妈对穗穗怀揣这么一大笔钱很不放心，担心穗穗乱花钱买零食吃，不仅吃坏身体，还不利于品德发展。正月初五早上，穗穗在卧室里数压岁钱。正当她数得高兴的时候，妈妈推门而入，对穗穗说："把你的压岁钱全部上交！"穗穗的心顿时凉了半截，只好使出撒手锏，连哭带闹，力图保住这笔"款子"。妈妈冷眼旁观了片刻，心平气和地说："既然不同意上交压岁钱，那就不交吧，不过带在身上也不安全。这样吧，妈妈帮你出个好主意，就是我们家里开设一个银行，你把压岁钱存进去，过一段时间给利息，你看怎么样？"穗穗一听，连声答应。自从这个“家庭银行”诞生以后，穗穗每月都要盘点自己在家庭银行中的款项，看自己每月赚取了多少利息。为了能够获取很多利息，穗穗把自己每月的零花钱也投入到银行中，好吃零食的毛病慢慢改掉了。

美国商业巨子洛克菲勒认为，学会理财是孩子以后创造财富的基础，也是许多优秀品质的根本。良好的财商不仅仅是一种习惯，更是一种技巧和本领，可以帮助孩子树立正确的金钱观、健康的消费观、科学的理财观和价值观，懂得感恩、诚信、责任、勤俭，让孩子终身受益。那么，应该如何建设好家庭银行呢？

1. 掌握实际情况

在建立家庭银行之前，家长首先要了解孩子压岁钱和零用钱情况，然后才能据此制定家庭银行的有关规定，比如，提取现金的要求和步骤，利息支付的方式和方法，投资的渠道和途径等。

2. 建立组织机构

家庭银行要有董事长、经济师和董事会成员。董事长要纵观全局，时刻审时度势，运筹帷幄，使家庭银行总是处于安稳状态之中；经济师要心思细腻，善于管理，当收支不平衡时，要及时提醒，努力使家庭银行处于良好运行之中；董事会成员之间要时刻保持良性沟通，确保家庭银行运行畅通。

3. 设置理财目标

家长要指导孩子根据自身的实际情况，树立一个合理的理财目标，帮助孩子快速地厘清理财思路，让孩子清楚自己离实现目标还有多远，从而制定正确的理财策略，更快地实现自己的愿望。

4. 控制购买欲望

孩子是充满好奇的，特别是在遇到零食和玩具时，很难抗拒。当孩子向家长投以渴望眼神时，家长不必拒绝说：“不买，太贵了！家里已经有好几个了”来简单地制止孩子的欲望。正确的做法是：家长可以告诉孩子这样东西的价钱是多少，再问问他：“你打算怎么得到它？”之后，帮着孩子一起计划怎样在家庭银行中存钱或赚钱来购买。这样可以让孩子学会量力而为，有计划地消费并且懂得珍惜来之不易的物品。

5. 体验助人为乐

家长指导孩子正确的理财观念，不只是教他们怎么“得到”财富，更应教他们如何“给予”，比如，为灾区百姓捐款，为贫困孩子助学，为慈善机构募捐等，家长要带着孩子学习如何发挥金钱的价值，让金钱的价值不只体现在满足欲望上，还要成为帮助他人的手段。

6. 承担借贷责任

如果孩子在很小的时候就养成了良好的信用借贷习惯，在借钱之前就会反复考虑：“为了得到这个东西，我使自己背上还债的负担，值得吗？”那么，孩子长大后就能从容地应对这个到处是信用消费的社会，在人生道路上就会尽早地获得经济上的独立。相反，如果孩子没有丝毫的借贷经验，那么，成人之后很容易掉到信用消费的陷阱里不能自拔。要么被债主追着讨账，要么做太多的抵押，要么让每一张信用卡都透支，使自己的经济生活入不敷出。因此，孩子主动向家庭银行借钱时，家长应该坦然地做“债主”并和孩子签订一份正规的借贷合同，然后把家庭银行的钱借给他。在孩子“负债”的过程中，会体验到借钱买东西然后花上几个月还债的感受，会明白债务是一种严肃的责任，下次向家庭银行借钱买一些意义不大的东西时就会更加谨慎；当孩子按期如数还清家庭银行欠款后，会因自己能够守信用、履行诺言而倍感自豪。

“给孩子鱼吃，不如给孩子钓竿”。给孩子再多的钱，都有被孩子花光的一天，可是教孩子懂得理财，就可以使有限的资产不断累积，这才是给孩子最有价值的财产。家长在开展理财教育时，不能把理财教育简单地定位在打理经济财富上，要把孩子人生价值观、财富观、消费观以及情商等命题纳入理财教育的目标体系和内容体系，通过理财让孩子养成勤俭节约和科学消费的好习惯，让理财教育集知识性与趣味性于一体，有知识也有实践，有常识也有体验。这样，每一个家庭成员才会有幸福感，家庭才能够挡住任何外来的风风雨雨，像一艘大船，在社会这个波澜壮阔的海面上乘风破浪，勇往直前！

家庭账本养习惯
——如何使用家庭账本

儿童理财的观念在海外早已是家长的必修课。在美国的基础教育课程中，就专门针对孩子理财教育设定了详细的递进式的目标要求。“石油大王”洛克菲勒就给孩子建立了“账本”，使孩子从小养成珍惜钱财的好习惯，练就当家理财的能力。在国内，大部分家庭只有一个孩子，不少家长对孩子视为“掌上明珠”，娇惯、放纵、溺爱，尤其在零用钱这个“小问题”上很不节制，导致孩子花钱大手大脚、挥霍浪费。

涵涵，女，14 岁，初二年级学生。又到了月底，涵涵拿起家庭小账本，把自己一个月花的钱结算一遍，“这个月还没结束，我花出去的钱已经赶超过上个月了，单电话费就用了 30 多元，看来我要少打电话，少发短信，多用微信！”涵涵的家庭条件较好，爷爷奶奶经常给零用钱。既然零花钱来得如此容易，涵涵花起来也就毫不手软，想买什么就买什么，买到后还不爱惜。两年前，涵涵爸爸看到女儿这么大手大脚，就准备了一个笔记本，要求女儿将每天的花销记录下来：买书花了多少钱，买零食花了多少钱，玩游戏花了多少钱……真是“不记不知道，一记吓一跳”，第一个月月底一汇总，涵涵花掉的零花钱竟然超过了一千元。这个巨大的数字，显然超出了涵涵的预料。“怎么会这么多呢？”涵涵将账本翻得哗哗响，想要找出答案。“那些零食，都来自街头小摊，卫生状况毫无保证；那些漫画，字小如蚁，看久了很伤眼睛；还有那些玩具，买下后偷偷带进课堂，只会影响学习……”当爸爸把这些坏处一一分析清楚后，涵涵若有所悟，

“爸爸，那我以后再也不买那些东西了。”从此，以后每个月涵涵都要对家庭账本上的消费结算一遍，找出里面不合理的开销部分，尽可能节约用钱。两年下来，涵涵乱花钱的缺点得到了改变。

孩子通过记账，不仅可以养成节俭习惯，提高自立能力，学会有计划地支出，而且可以培养细致作风，锻炼一丝不苟的能力，对孩子的将来大有裨益。那么，应该如何使用好家庭账本呢？

1. 收入和支出

孩子记账时，账本上要记清收入和支出的细目。收入项目有上月剩余钱、当月零用钱、孩子赚的钱、红包等。支出项目可分为日常生活的固定支出和有特殊用途的无规律的变动支出。为了合理安排支出，家长一方面要让孩子了解固定支出和变动支出的概念。当支出比收入多的时候，就要削减支出，同时要求孩子把支出按项目分类，计算各项支出在总支出中所占的比重；另一方面要帮助孩子分清楚“消费性支出”和“投资性支出”的概念。消费性支出是指用在零食、娱乐方面的“费用”；投资性支出是指用在买书、上补习班等对未来具有投资效果的支出。对于过去不合理的支出项目，家长要指导孩子用不同颜色的笔进行重点标记，提醒孩子谨慎支出。

2. 监管和自主

家长可以将孩子的现金放在大钱包和小钱包两个钱包内。将50元以上的钱存入大钱包，由家长保管。孩子如要动用，必须要说明理由，经过家长同意才行；另外，还可以设立小钱包，装50元以内的零花钱，孩子可以自由支配，家长控制总量即可，但必须要记账。每隔一段时间，家长要检查孩子的记账本和钱包，如果多次发现账本与钱包不符，可以暂时取消孩子自由支配现金的资格。

3. 调账和转账

如果孩子大小红包账户的钱与账本不符，又没有记载明确的花费，这时就要指导孩子在摘要上写明“账户调整”，简称为调账。转账就是把一笔钱从一个账户转到另一个账户。比如，小红包里的钱多了，家长就要指导孩子适时将钱转到大红包中，同时在两个账户做好记录。

4. 储蓄与消费

家长应帮助孩子建立理财目标和投资观念，和孩子一起将收入进行储蓄和投资，扩大收益项目。对于孩子的消费，家长要指导孩子量力而行，理性使用。

5. 修正和补充

家长要定期查看账本记录，告诉孩子怎么控制是正确的，并且分析未来的现金流量。到了孩子已经可以熟练记录账目的时候，且消费行为也更加多样化的时候，可以进一步细分收入和支出项目。孩子已经熟练掌握记账方式和理性消费以后，家长可以设计“借贷对照表”，从小培养孩子的正确理财观念。

6. 整理和审计

家庭账本不能光顾着记录，定期也有必要进行一番整理和审计。审计时看一下收入多少、支出多少，是否有遗漏的部分，找出“呆坏账”或者亏空等。

家庭账本能够帮助孩子合理规划家庭收支，并节省下许多不必要的开销，让孩子对于家庭财务状况有了一个直观、全面、清晰的认识和了解，知道每个月手头的钱都具体流向了哪里，可以让孩子发现自己花掉了哪些不该花的钱，自省、自律的同时让理财成为一种日常生活的习惯。在孩子记好个人经济账本的基础上，家长还可以适当让孩子介入家庭的财务计划和开支过程，让孩子感受到可以在家庭计划中占有一定的位置，这不仅能够增强孩子的自尊心，也能使孩子了解到计划的重要性。同时还可以为孩子开设独立的银行账户，让孩子产生“我有自己的银行账户了”的自豪感，增强孩子对“自己的账户”的责任感。家长到银行办理业务时，可以有意识地带孩子同去，让孩子慢慢学会开户、存款以及提款的流程，一起了解银行定期寄来的对账单、投资报表等，这也是激励孩子多储蓄的方法之一。

家庭会议消隔阂

——如何组织家庭会议

家庭中有时会有一些矛盾和争执，有时会有一些工作分配和协商，定期开家庭会议，可以很好解决这些问题。

兰兰，女，10岁，小学四年级学生。周日，吃过晚饭，一家人围坐在茶几周围，开始了一周一度的家庭会议。这次家庭会议要讨论的是清明节假期的出行计划。妈妈首先发话了："下个周末就是清明节假了，咱们去哪儿玩呀？"兰兰马上发表意见："最好别去远的地方，人太多了。倒是可以去个近点儿的地方，当天去当天回，或者住一晚上，放松放松。"爸爸想了想说："去南京倒不错。那儿有个博物馆，我想你一定喜欢吧？"爸爸朝着兰兰的方向点了点头。"好哇，好哇！"兰兰兴奋得手舞足蹈。"那好，咱们去查查地图，在那住上一晚，还可以去爬爬山，活动放松一下，怎么样？"爸爸说道。"啊，爬山？我可不去。"妈妈表示反对。兰兰劝道："没事儿，慢慢爬呗。又不一定爬到山顶。"妈妈勉强同意了。爸爸打开电脑，查阅着南京的地图，"这儿有个宾馆不错，离鼓楼广场不远，周围环境也不错。"妈妈也被吸引了，"看呐，闹市区也很近哟！""去的路上可以去爬中山陵，回家的路上还可以去栖霞寺。"妈妈说，"可是，兰兰对寺庙感兴趣吗？"爸爸妈妈都用询问的眼光看着兰兰。兰兰说："嗯……确实不大感兴趣。"爸爸说："佛教在中国影响很广的，去看看吧，多学点知识总是没坏处，以后中考、高考说不定能用得上。"听爸爸这么一说，兰兰赶紧点了点头。经过半个多小时的家庭会议，终于确定了这次清明节出行的路线。看到一切计划妥当，一家人脸上露出了开心的笑容。

家庭会议是家庭成员定期商讨和沟通交流的会议。通过家庭会议,孩子可以了解家长的工作和思想,了解家长对一些事件的成熟看法,从而学到许多东西,增强责任意识和自律意识,变得自信又懂事。那么,应该如何组织好家庭会议呢?

1. 确定形式

家庭会议形式有正式性会议和非正式性会议两种。正式性的家庭会议一般有主持人、记录人、出席人员、召开时间、会议中心内容及会议结果。非正式会议一般只有内容及结果。

2. 认真准备

每一次家庭会议都要认真准备,切不可因为工作、心情等缘故而敷衍了事,准备内容不仅包括本周工作的总结和回顾,也包括对下周活动的讨论,比如,家务劳动、运动、旅游、上课等。尤其是希望通过会议达到某种教育孩子的目的时,家长更要事先精心设计,思考应该如何去引导孩子,并让孩子乐于接受。

3. 明确分工

正式性家庭会议的分工要明确,最好是每个家庭成员轮流担当主持人、记录人和执行监督人等。在孩子第一次担当某种角色时,家长要给予必要的示范和讲解,使孩子明确自己的职责与要领。

4. 民主协商

家长应发扬民主的作风,认真倾听孩子的意见和建议,在全体一致同意的基础上再做出家庭决议。如果全家人无法就议程上的一项内容达成一致,就应该把它放到下次会上再讨论,多出一个星期的冷静和思考,到时候就可能达成一致。

5. 灵活运用

家长要善于发挥家庭会议的作用,把会议的内容进行扩展。比如,通过家庭会议的形式引导孩子反思自己的行为习惯,并帮助孩子制订培养良好行为习惯的计划,有必要时还可以和孩子签订亲子合同,以达到养成孩子行为习惯的目的,使这些习惯成为让孩子受用一生的人生财富。

6. 严格执行

每次家长会议都要用专门的会议本进行记录，会议结束时，家庭成员都要在本子上签名。对于会议所形成的决议，家长要不折不扣地执行，用自己的行为去影响和教育孩子。比如，孩子在会议上希望爸爸戒烟，并且妈妈也表示赞同，那么爸爸就一定要把烟戒掉。家庭会议结束时，家庭成员要相互祝福、握手、牵手、拥抱等，相互感受家庭的力量；结束后的就餐，家庭每个成员要做自己拿手的一道菜，为家人展示自己才艺的同时，也表达对家人的爱，促进家庭的和谐；为便于以后回顾和查阅，还可以制作家庭会议册，包括家庭格言、全家合照，会议议题和内容等。

家长刚开始推行家庭会议的时候，头几次可能会有些混乱与争执，毕竟孩子需要时间以及机会来适应和熟悉这一新的做法，家长要多给孩子些耐心。但不管怎样，家庭会议提供给孩子的是展示自我的空间，在家长面前，孩子容易放得开，能较充分地表现自己。在不设防的环境里孩子发展了组织能力、表达能力，提高了积极参与的意识。孩子的能力增强，自信心也水涨船高，孩子就会把这种自信心与能力释放到外部环境中，成为一个积极进取的人。教育孩子从来就不是一件容易的事，这个过程对于家长来讲同样也是一个学习的过程。家长陪伴未成年的孩子成长，不仅仅是责任，更多的是一段难忘的人生旅程。

家庭微博聚人心
——如何建设家庭微博

大部分家庭都有很多静态的标志与符号，比如，居住场所、户口本、全家福照片等，但是动态的符号明显不足。家庭微博既可以动态观察总结家庭建设成果，提升家庭集体的理性水平；也可以促进家庭成员之间的了解与沟通，减少家庭成员之间的摩擦。

可可，女，11 岁，小学五年级学生。可可爸爸是一位编辑，妈妈是一位通讯员。可可是一位学习非常认真的学生，其他学科都挺好的，就是语文成绩一直不上不下，主要在于作文写得跟流水账差不多，经常长篇大论，内容干巴巴，实质东西没什么，语文老师反映是可可平时练笔太少的缘故。无奈可可爸爸妈妈只能让孩子去上作文补习班，可是一学期下来，效果不太好。为了提高可可的作文水平，爸爸提议全家一起来写家庭微博，既可以展示家庭建设成果，又可以增加家庭成员之间亲情。妈妈和可可当即表示赞成，于是大家纷纷动起手来，特别是可可每天都要写些内容，几乎每天都刷博，关注浏览人数。每次看到较低的浏览人数，可可总要发出“唉”的声音。为了提高点击率，大家想了许多办法。可是，半年下来，可可家微博的点击率依旧很低。

家庭微博既有助于使家庭历史记述化，是家庭文化延续的重要媒体，增加了家庭回顾的趣味，又可以加强家庭成员之间的互相监督，使得一些不容易持续写作的成员因为其他人的督促而能长期参与；另外，还可以加强家庭行动的一致性，改变家庭生活的随意与放任状态。那么，应该如何建设好家庭微博呢？

1. 精选话题和标题

话题是家庭微博的方向，如果话题不好，文笔再好也没有人在意。那么，应该如何去选择微博话题呢？一是观察相关家庭网站下留言的内容偏向，二是搜索家庭建设和家庭教育热点问题，二是留意社交媒体上的一些热门话题，四是电视或是电影热播的一些家庭或社会问题等。微博标题一定要吸引人眼球，既可以用产生读者思考的疑问句子，也可以用量化的语句，还可以用带有幽默、嘲讽、有趣、争议的语义等。

2. 重视内容和质量

家庭微博宣传的影响力具有很大弹性，与内容质量高度相关。微博的内容限定为 140 字左右，内容简短，不需长篇大论。家庭微博内容的吸引力、新闻性越强，关注该家庭微博的人数也越多，影响力越大。家长在指导孩子写微博之前，一定要督促孩子多学习写微博的技巧和成功模式，要求孩子写作时内容要精辟幽默，不枯燥，不无聊，不人云亦云，写好后不要太急于发布，等家庭讨论之后再呈现给粉丝。

3. 引起兴趣与共鸣

家庭微博内容应是读者感兴趣的话题，比如，家庭愿景、家庭布置、家庭教育等，撰写时可以发挥成员的特长，各自撰写自己擅长的内容，在文字旁边适当配一些图片，语言要高度精练而活泼，感情真实而浓厚，这样才能与读者产生共鸣，吸引读者的关注。

4. 彰显个性与特色

家庭微博每天都要坚持写，并且要彰显家庭个性和特色，提供最有价值甚至独家的信息，不枯燥，不无聊，不人云亦云，这样关注的粉丝才会多，粉丝才会每天看家庭微博，微博质量也才会提升。

5. 积极互动与回复

家庭微博要积极与读者互动，解决读者在现实生活中遇到的问题和困惑，取得读者的信任。对于读者的评论，家庭成员在讨论的基础上要认真给予回复，一方面是出于礼貌和感激，另一方面也是家庭成员坚持写作的动力，正是读者的评论才会使家庭微博变得更有意义。

6. 经常串门与链接

微博是一个基于用户关系的信息分享、传播以及获取的平台，可以通过 Web、WAP 以及各种客户端来组建个人社区，实现即时分享。友情链接也可以给家庭微博带来稳定的访问量。家庭成员要定期去串门，去人家微博或网站里看看并留言，向站主申请友情链接。友情链接得多了，可以带来更多的浏览量。还可以在 QQ、有人气的月月杂贴吧、论坛、问答上宣传家庭微博，扩大影响。

家是孩子生命中的一部分，一首漫长而精彩的人生插曲。家是难舍的亲情，父母用慈爱的伞为孩子撑起一方晴空，孩子用孝顺的心给父母奉上一缕慰藉；家是一个小小的避风港，使孩子幼小的心灵得到抚慰，使孩子感到亲情的温暖，对于下一次的拼搏充满了自信；家是暖暖的小窝，里面有许多动人的故事和画面……家庭微博是展示家庭故事和画面的窗口。要写好家庭微博，一方面家庭成员要努力学习，深刻理解家庭的内涵，写出有水平、有深度、有共鸣的文章，另一方面家庭成员要分工提供照片和图片，分工写作不同的内容，分配不同的编辑任务，共同提供评论与帮助，共同促进与提高。相信只要天长日久地坚持撰写，家庭微博一定会成为家庭成员特殊的沟通媒体，一定会成为家庭意见表达与焦点汇聚的平台，一定会充当好家庭和社会交流的工具。

家庭相册留纪念

——如何把家庭老照片制作成电子相册

电子相册是指可以在电脑上观赏的静止图片的文档，其内容不局限于摄影照片,也可以包括各种艺术创作图片。电子相册具有传统相册无法比拟的优越性:图、文、声、像并茂的表现手法,随意修改编辑的功能,快速的检索方式,永不褪色的恒久保存特性,以及廉价复制分发的优越手段。

晶晶,女,14 岁,初二年级学生。在晶晶出生之前,妈妈特意让爸爸从网上买回来一个索尼相机，想用这个相机来记录女儿的点滴成长。晶晶出生以后,妈妈就开始用相机记录女儿的一颦一笑,然后把照片装进影集里，这样就可以一目了然地看到女儿每一个阶段的成长变化。到现在,晶晶妈妈已经足足装满了十八个影集。最近,爸爸妈妈看到晶晶以前的照片有的发黄、有的卷曲、有的破损,对如何长期保存这些相片发起了愁。有一天,晶晶妈妈在和同事聊天中谈到了这个话题，单位同事告诉晶晶妈妈制作电子相册可以解决这个问题。可是晶晶家人对计算机技术知之甚少,不知道该如何把老照片制作成家庭电子相册。

一个家的成长,其实就是在完善一本完美的家庭相册。但是很多家庭的传统相册都是断片缺档的,很多生活中的精彩片段,美好回忆,特别是孩子的美好童年都没有保留下来。电子相册可以完整保存家庭的幸福时光,为自己留下美好的同时,也记录下孩子成长过程中的点点滴滴。那么,应该如何把老照片制作成电子相册呢?

1. 扫描或翻拍变成电子版

将家庭老照片变成电子版是最好的保存家庭记忆的方式。在格式转换时，效果最好的是使用扫描仪，其次为直接用数码相机在合适的光线下拍照后再通过 PHOTOSHOP 做简单的修饰。保存的计算机文件格式可以是 BMP 格式，也可以是 JPG 格式，但最好两种格式都留存，前者的特点是效果好但图片大，后者的特点正好相反，可谓各有利弊。

2. 挑选满意的电子版相片

按照家庭成员，特别是孩子的成长历程挑选相片，前半部分包括老家、幼儿园、小学、中学经历，预留孩子今后的大学和工作经历，后半部分包括孩子出世及成长历程、一家三口重要的外出旅游、孩子的重要演出和比赛等。在选片时，要尽可能选择效果好、字节小的文件，以便计算机易于处理。

3. 按格式粘贴在幻灯片上

重要的、有纪念意义的家庭活动、比赛、演出照片或者有必要单独排列的相片，可以单独作为一页，其他一般的相片可以三、四张作为一页，这样做的好处是在打印时可以节约纸张与费用。在向幻灯片上复制粘贴相片时，要认真研究排版，尽可能保证相片清晰、整体美观，并且还要为必要的文字说明留出空间。

4. 电子版相片加文字说明

由于有些照片年代久远，拍照时间不易分辨，电子版的相片尽管通过文件属性可以看出拍照的时间，但由于多次复制与修改，其年代也需要适当地辨别。至于照片的内容，也只有亲身经历的人才能够说清楚。因此，有必要给每张电子相片加上文字说明。在撰写文字说明时，亲子要一起润色内容，尽可能地言简意赅避免多占空间，并且需要选择合适的、醒目的字体与颜色。

5. 选定理想的背景和封面

为了进一步美化电子相册的整体效果，可以选择一种颜色、填充效果或者图片作为幻灯片模板，个别特殊色调图片的背景可以单独设置，以免颜色冲突或过于贴近。还可以为电子相册配上音乐、添加 LRC 歌词、酷炫的 MTV 字幕特效应用，打造酷炫字幕效果等，在享受视觉大餐的同时，也能在听觉上得到享受。有必要的话，可以亲子一起撰写一篇简短的序言聊作一乐，也是亲子一起对于人生的回味、欣赏或反思。

上学临行时妈妈嘱咐的话语，放学回家时爸爸在厨房忙碌的身影，一家人围坐一起吃饭的欢乐……那些点点滴滴的幸福回忆，那些一起共度的故事，总是难以忘怀。把这些故事装进家庭电子相册永久保存吧。一本家庭电子相册保存的不仅仅是这些故事，也烙下了一家人的幸福回忆。打开它，就会消融身上的冰霜，照亮夜归的道路，拂去心中的烦恼，留下温馨的瞬间。

家书数行值千金
——如何撰写家书

“江水三千里,家书十五行。行行无别语,只道早还乡。”家书作为中华民族文化的组成部分,是文学、书法、礼仪、邮政等文化的综合载体。千百年来,它承载着中华民族生生不息的血缘文化,映照着人间的绵延亲情,《傅雷家书》《曾文正公家书》《留德家书》这些中外家书瑰宝,真实地记录了历史的变迁,展示了个性的光芒。然而,现代科技发达,电话、邮件、QQ、微信音画俱全,快速便捷,人们无手写之累赘,省却忘词之烦忧,手写书信也随之逐渐淡出了人们的视线,这是科技发展带来的必然,但如果因此放弃手写家书,未免偏颇,并不足取。

芳芳,女,14岁,初二年级学生。最近芳芳和妈妈越来越对立了,妈妈总是唠叨芳芳不听话、不孝顺。昨天晚上,妈妈下班回到家看到芳芳正在看电视就大声斥责。在妈妈的斥责声中,芳芳显得非常愤怒,“砰”的一声关上了房门。今天早上,芳芳上学后,妈妈在芳芳床头柜上发现了这封家书。

妈妈:

您好!您是一位爱我、疼我的好母亲。自打我出世后,您就百般地呵护我。我在您的照料下,一直健康快乐地成长。但是,您最近变了,变得爱生气,爱唠叨了。可能您自己还没有发觉,现在我把我的心里话说给您听,希望您能够多和我沟通。

昨天晚上,我刚做完两个小时的作业,想看会儿电视放松一下,刚看了十分钟,您就回来了,见我正在看电视,就大声斥道:“你这孩子，就知道看电视。有时间也看看书，学习学习。你当心……”就这样，您又唠叨了半天，我连解释的机会都没有，最后只能躲到自己房间里去了。

妈妈，我承认当时非常恨您，因为我实在忍受不住了。你连女儿解释的机会都不给。您太伤我的心了，我昨晚悄悄落泪到深夜，甚至有过离家出走的想法。

妈妈，我知道天下每个父母都有望子成龙、望女成凤的心。但妈妈，你有时也应该站在我的角度，也要理解做女儿的心，千万别撕毁一颗爱您的心。祝您身体健康，永远年轻！

此致

敬礼

爱您的女儿

2016 年 12 月 5 日

看完芳芳的信，妈妈顿时呆住了，感觉到自己有时说得和做得太过分了，真想好好地同女儿聊一下，但又怕控制不好情绪，词不达意，刺激到女儿，想给女儿发条短信，又想短信过于简洁，说不清楚，想来想去决定给女儿写封回信，真诚地和女儿沟通一下，但又不知道回信该怎么写。

家书中的一声问候，一言思念，一个嘱咐，几句勉慰，犹如一把打开亲情之门的钥匙，看似平淡无奇，却倾诉着彼此的心声，涌动着亲情暖流，蕴藏着真心魅力，会使孩子感受到无比的温馨亲切。那么，应该如何正确撰写家书呢？

1. 格式规范用词贴切

家书历史悠久，其格式也几经变化。今天，按通行的习惯，书信格式主要包括五个部分：称呼、正文、结尾、署名和日期。称呼要在信纸第一行顶格写起，后加“：”，冒号后不再写字。称呼和署名要对应，明确自己和收信人的关系。正文首先以问候语开头，问候语最常见的是“您好!”“近好!”依时令节气不同,也常有所变化,比如,“新年好!”“春节愉快!”问候语写在称呼下一行,前面空两格,常自成一段。问候语之后,常有几句起始语。比如,“久未见面,别来无恙”“近来一切可好?”“久未通信,甚念!”之类。问候语要注意简洁、得体。接下来便是正文,它可以是禀启、复答、劝谕、抒怀、辞谢、致贺、请托、慰唁,也可以是叙情说理、辩驳论证等。这一部分要做到有条有理、层次分明。若是信中同时要谈几件事,更要注意主次分明,有头有尾,详略得当,最好是一件事一段落,不要混为一谈。正文写完后,要写上表示敬意、祝愿或勉励的话,作为书信的结尾。习惯上,它被称作祝颂语或致敬语,这是对收信人的一种礼貌。祝愿的话可因人、因具体情况选用适当的词,不要乱用。最后,在书信最后一行,署上写信人的姓名,署名应写在正文结尾后的右方空半行的地方。

2. 回答周到不嫌琐细

写家书时,宜一一回答对方来信中提出的问题。不嫌琐细而忌粗略,是家书的一个特点。答询时应周到详尽,勿过于节省笔墨,尤其不要遗漏对方急切想知道的事情。同时,要理解亲人的心情,主动谈谈自己的收获,困惑和感受等,以期沟通取得实效。

3. 鼓励为主适当示弱

写信作为与孩子对话、沟通的方式,孩子普遍希望信中有赞赏、鼓励和理解,帮助孩子建立起自信心,觉得自己是最棒的。除此之外,家长适当示弱,可以让孩子体会到父母的不易,懂得感恩、坚强和自立。

4. 遵循规律针对性强

孩子在不同的成长阶段有不同的心理状态,在不同阶段家书关注的内容就要有所不同:儿童时期,更多的是和孩子分享、感恩和快乐等;少年时期,鼓励孩子进行社交,告诉孩子要体谅、尊重他人等;青年时期,对孩子要多进行世界观和价值观的指导,帮助孩子建立自己的价值观。

5. 适当附件增进亲情

家书中的附件，常常会有意想不到的作用。比如，在信中附上一张有纪念性的近照，或孩子竞赛中获得的奖状之类，或者孩子画的图画，及其字迹歪斜的问候纸条等，自会平添一番天伦之乐。

温馨的家书、浓浓的亲情虽然时时慰藉疲乏的心灵，但也要及时跟上现代通信工具的节奏，二者相辅相成。无论世事如何变迁，无论联络、表达方式如何变换，对家人的爱、对亲情的渴望和真诚维系才是最重要的，这是最应该找寻到的家书的“内涵”。

家庭电脑双刃剑
——如何指导孩子正确使用电脑

随着社会的发展，电脑将成为孩子生活中每时每刻都离不开的伙伴。自从电脑进入了普通家庭，该不该让家里的孩子使用电脑,到底该怎样让孩子正确使用电脑,一直是让家长烦心的问题。

晔晔,男,14 岁,初一年级学生。一直以来,晔晔是一个非常聪明懂事的孩子,在小学阶段学习成绩一直非常优秀,老师夸,家长也非常欣慰。半年前,晔晔爸爸妈妈看到隔壁小林参加市里电脑板报比赛获得了一等奖,一打听原来几年前小林家里就买了电脑,小林爸爸手把手教会了小林浏览网页,使用搜索引擎,申请使用邮箱等。小林学得很快,不久就会把自己喜欢的风景和文物的图片发给所有认识的叔叔阿姨，还经常为班上的墙报提供精美的图版和精彩的文章。看到电脑的用处这么大,晔晔爸爸妈妈于是决定也给晔晔添置电脑。自从电脑买回了家,一切都悄然发生了变化,妈妈发现晔晔对网络游戏的兴趣正逐步取代着学习兴趣，每天放学回家后,晔晔总是找很多理由想接触电脑,既而再进入网络游戏。初一上学期期中考试成绩出来后,看到晔晔各门功课成绩平平,甚至还有不及格的现象,爸爸妈妈开始着急起来。起初是劝导晔晔适当把握用电脑的时间及游戏的次数，可是发现孩子越来越置爸爸妈妈的劝导于不顾,没办法晔晔爸爸只好停了网,但晔晔仍然会往电脑中装单机版游戏并且花大量的时间来玩游戏，最后逼得爸爸妈妈只好把电脑封存起来。问题到这里并没有结束,反而更为严峻了,因为晔晔竟然发展到偷偷跑到网吧继续游戏之旅。看到孩子这种情况，晔晔爸爸妈妈既焦急又无奈。

随着电脑和网络的普及，国家教育部也在大力推广多媒体教学及网络在线学习，孩子的日常学习已经离不开电脑了。但电脑是把双刃剑，对孩子来说，电脑的使用是探索未知领域，获取知识的最好途径之一，丰富的多媒体资源大大地提高了孩子的学习兴趣和学习效率，但同时网络又充斥着各种诱惑和陷阱，而导致孩子对电脑过于入迷，结果浪费了很多宝贵的时间，还有的把时间花在玩暴力游戏或者色情资讯上，给孩子的心理和生理造成不良的影响。那么，应该如何指导孩子正确使用电脑呢？

1. 思想认识要清醒

随着科学技术的发展，电脑已成为人们日常工作、生活中不可缺少的一部分。同样，电脑也是孩子拓展视野的一大窗口，其作用是不可忽视的。它不仅能促进孩子智力发展，比如，想象力、理解力、记忆力、思维能力等方面的发展，而且还能促进孩子非智力因素的发展，比如，兴趣、意志、动机等方面的发展。

2. 学习目的要明确

在玩中学，在学中玩，是教育孩子的最好方式。在电脑上，除了孩子最爱玩的游戏外，不妨让孩子学着画画、写字、阅读图文并茂的童话、做益智类的数学游戏、学习英语等，还可学下跳棋、围棋、象棋等，这些都有利于孩子开发智力，怡养性情，开阔视野。

3. 选择软件要恰当

网络充斥着良莠不齐的软件和网站，家长应该引导孩子到正规的、健康的网站去获取知识，健康地学习。同时在选择软件上，不仅要注重孩子的“学”，更应该强调“玩”，这样才能充分调动孩子的学习兴趣。

4. 制定规矩要严格

孩子玩电脑时，在时间、坐姿等方面要严格要求，从小培养孩子一个良好的习惯。孩子玩电脑，往往会出现耸起肩膀按键、伸长脖子看屏幕等不良姿势，久而久之，就会发生脊椎、手腕、颈背肌肉的疼痛现象。长时间在荧光闪烁的电脑前玩游戏，过度暴露在放射线下，还会严重刺激孩子稚嫩的视神经。所以，孩子玩电脑的时间，一般控制在每天半个小时到一个小时最好，每次不超过半小时，同时要养成用电脑 10~20 分钟，就休息一下，望望远处的习惯。

5. 日常监督要跟上

孩子对新鲜事物都有很强的好奇心，但同时自控能力和辨别能力都很差。因此，家长要对孩子使用电脑情况进行监督，孩子聊天、游戏、学习等内容要先经过家长的筛选，添加上网管理、休息提醒、家长密码设置等。如果孩子出现诸如视力减退、食欲不振、精神萎靡、注意力不集中、头昏脑涨、皮肤失去弹性等症状，家长要引起警惕，这就说明孩子玩电脑过度了。这时必须让孩子减少用电脑的时间，多参加其他活动。

很多家长都对如何让孩子安全的使用电脑学习很纠结，甚至产生恐惧心理，但网络信息化时代已经到来，孩子在一生中都不可能脱离网络了。所以从小对孩子进行正确的使用电脑和网络的教育非常重要。

学校生活不仅仅是未来生活的预备，也是具有独立价值的生活。孩子有权利享受这种生活，而家长也应该尊重孩子的这种生活。电脑应成为充实、扩展孩子生活的工具，而不应成为限制、缩短孩子童年生活或加速成人化的工具。只有这样，才能最大限度地发挥电脑使用利的一面，减轻电脑使用弊的一面，让电脑全方位地为孩子的学习生活服务。

家庭用箱避短处

——如何使用好行为箱

好行为箱是嘉许孩子良好行为，增加这种行为出现概率的一个简单又有效的方法，它是根据斯金纳的条件反射原理设计，即一个反应出现后，紧接着特定形式的刺激，结果行为依赖于刺激而变化。如果是强化，则反应将趋向于再次发生。如果是惩罚，则反应不会发生。

翔翔，男，5 岁，幼儿园中班学生。翔翔在家里经常惹是生非，调皮捣蛋，爸爸妈妈都快拿他没办法了。前几天，翔翔妈妈看了一本亲子关系全面技巧书，上面有一章“关于训练关注良好行为”的内容引起了她的注意。“孩子为成长，当然需要很多次的肯定，但不幸的是，在传统的教导模式中，家长往往忽略孩子的良好行为，孩子每天得到的否定远比肯定多。嘉许孩子的良好行为，不但能使孩子增加这类行为，而且还会促进两代之间的感情。‘好行为箱’就是这样一个简单而有效的嘉许方法。”看完这节内容后，翔翔妈妈马上就找来了一个很漂亮的鞋盒，外盒上写上很醒目的“好行为箱”，跟翔翔商量可以用好行为字条兑换喜欢的活动，每天晚上兑换时，一张可以兑换一次喜欢的活动。翔翔妈妈把“好行为箱”放在了翔翔书桌旁一个最醒目的地方，时时能够起到“提醒”的作用。放到他房间的当天，翔翔爸爸妈妈就发现孩子比以往守规矩多了，行为习惯有了很大的改变，没有以前那么顽皮捣蛋了。

好行为箱不仅可以培养孩子良好的自我感觉，形成积极的心态，促进孩子的自我认识，有利于萌发孩子自尊与自强；而且可以使孩子得到比较明确的行为发展方向。那么，应该如何正确使用好行为箱呢？

1. 明确目标

家长首先应写下孩子良好行为的目标，这些目标必须用正面词语书写，越清晰明确越好，不要用“不”“没有”等含有负面意思的词语。比如，“看电视时不能吵闹”应该换成“要安静地看电视”等。

2. 列出清单

家长可以通过与孩子协商，确定孩子喜欢的嘉奖，在书面上写下来。比如，口头嘉许，身体拥抱，某些玩具，陪同游戏，外出踏青等，每当孩子做到良好行为目标中的任何一项，家长就可以采用这些嘉奖方式，来固化孩子的行为。

3. 忽略次要

家长要帮助孩子确定重点需要改正的行为，优先改正这些行为，比如：打架、骂人、损坏物品等，当孩子出现改正这些行为的方式时，比如，弟弟妹妹友好相处，爱护物品时，就记录下来，放入“好行为箱”。在改正重点行为时，要忽略次要的行为，停止对次要行为的关注，待重点行为改变了，再处理次要行为。

4. 及时记载

家长找到漂亮的小箱子后，要放在一个固定的地方，外面写上“好行为箱”，每次家长注意到孩子有良好的行为时，就要及时把所看到的现象写在一张纸条上，放入箱里。比如：“5 月 2 日，分了糖果与面包给爸爸妈妈吃，懂得分享；晚上刷牙时，懂得节约水！妈妈见到了，很开心！”并选择适当的机会，告诉孩子在箱里放了一张好行为字条。

5. 定期兑换

家长最好每天在孩子睡觉前，与孩子一同查看和讨论箱中的字条，清点孩子每天发生的好行为，然后由孩子确定所需的嘉许方式，和孩子一起分享进步，及时给予孩子奖励，通过强化来增加孩子好行为发生的频率。

孩子生理的基本诉求就是追求快乐，逃避痛苦。当孩子采取某种行为时，能从家长那里得到某种令人感到愉快的结果，这种结果反过来又成为推进他趋向或重复此种行为的力量，这就是正强化。如果家长把孩子良好行为跟快乐联系在一块儿，鼓励孩子去做的话，那在孩子心中就有一种内在的动力，孩子就能够做好。所以，家长要尽可能地看到孩子的优点，多一些夸奖、奖励和嘉许，少一些批评和惩戒，对于一些负面的行为要尽可能地忽略它，久而久之孩子的正面行为就会增加，负面行为就会逐渐消失。

家庭药箱添保险

——如何配置家庭小药箱

儿童因其免疫力、自制力比成年人相对较弱，一不小心就来个感冒发烧流鼻涕；孩子会爬、会走、会跑之后，又容易磕磕碰碰。遇到这样的情况，做家长的心中焦虑可想而知，有时候去医院又不太方便，这时候家庭小药箱就派上用场了。

娜娜，女，8岁，小学二年级学生。娜娜爸爸在外地打工，妈妈在村里经营着一家小超市。娜娜妈妈对家用小药箱是不屑一顾的，药都有保质期的，过期了就要丢掉很浪费，生病直接去医院开药就行了！事情在最近发生了转折。前几天，娜娜深夜突然发烧了，妈妈先拿体温计帮她测量体温，已经到了摄氏38.7度，当时家里什么退烧药都没有，妈妈忙拿温水给女儿擦身，希望用物理方式给她退热，但效果并不明显。娜娜妈妈实在没办法，在晚上十一点多的时候，走出家门，挨家挨户去找退烧的药，结果却让她极其失望，什么都没有找到。无奈，夜里一点，娜娜妈妈只能骑着自行车，赶了七八里路，把娜娜送到医院。医生一检查，说问题不大，开些药就可以回家。这次的教训让娜娜妈妈刻骨铭心，如果家里有药箱，肯定就不用去医院。

有孩子的家庭，应该都要常备一些急救用品，准备一个家庭小药箱，当孩子身体欠佳时，可以很快为孩子做些简单和迅速的处理，确保孩子的健康成长。那么，应该如何配置家庭小药箱呢？

1. 精心设计家庭药箱

家长应选择带隔层和盖子的塑料药箱，为药品遮光防潮，不要把纸箱、布制收纳箱等当成小药箱，否则药品易受潮变质。外用药和内服药、成人药和儿童药、处方药和非处方药要分开摆放，防止突发疾病时可能由于着急拿错药，如果把外用药内服，或者给孩子吃了成人药，易引起食管灼伤、服药过量等。处方药，尤其是硝酸甘油等用于急救的处方药，应当保存在固定位置，便于发生突发情况时取用，以免在药箱里"大海捞针"，延误治疗时机。

2. 妥善准备所需药品

家庭小药箱可以备有感冒类、抗生素、摔伤跌伤等外伤类药和防止烧(烫)伤类药。抗生素的选择应遵循医生或药剂师的建议，并严格按照说明书的处方服用；如果孩子有严重跌伤或跌落后行为不正常，应进行简易的卫生和防护处理后，再上医院治疗；如果孩子被热水等烫伤，立即将烫伤的部位降温，然后用干的绷带或布轻轻盖在烫伤的部位，再去医院做进一步检查和治疗。

3. 熟练掌握注意事项

家长准备家庭小药箱，就是为了确保孩子健康成长，所以在使用家庭小药箱时，要对注意事项了如指掌，科学使用。(1)要注意所保存的药品的出厂日期和有效期，及时清除过期药品，家庭小药箱必备基础药 3 至 6 个月应清理一次。各种药物应该有标签，写清药名、含量及用法。(2)要定期检查药品，看看有无短缺，及时更新。若发现药片变色，药液浑浊或沉淀，中药丸发霉或虫蛀等应丢弃不用。(3)选择不良反应较少的药品。新药由于上市时间短，可能会出现一些意外的不良反应，不适于家庭备用。(4)药是有保质期的，故药品不要囤太多。药品必须放在孩子够不到的地方。

4. 按照标准准确服用

医学是一门专业性很强的学科，家长应对此保有一定的敬畏心理，尊重专业人士的建议。药品买回家要看清说明书，研究好适合孩子的药量，可以用红线标出；在服药的时候做记录，记下每次用药的情况，以免间隔服用时出错。如果家长不能确定孩子的病情，不能在家解决或是拿捏不好用药的剂量，一定要去医院问医生。如果孩子的病情严重，也不要在家逞强，应及时就诊，这样更有利于孩子的健康。

5. 理性对待海淘药品

现在全球购、代购非常方便，很多家长信赖国外药品，但对海淘药品应保持一份理性、谨慎的心理。外文说明书磕磕碰碰才能看明白，用药剂量的单位换算也特别麻烦，而且药品的保存是有要求的，冷藏、避光、防潮之类，快递途中这些要求不一定能达到。

小药箱是药品的“家”，方便家里有人生病时取用。家庭小药箱会给家长带来很多方便，能应付常见的小伤、小病，能预防突发情况，病情较轻时应急也能得心应手，免除后顾之忧。家中常备小药箱，上火过敏不用慌，不怕风寒和感冒，孩子健康有保障。

“黄金时间”增感情

——如何运用“黄金时间”

现在的孩子大多是独生子女，缺少一起聊天的小伙伴，这就更需要家长寻找机会低下头倾听孩子的声音，把孩子当作自己的同伴，学会尊重孩子，平等对待孩子，从孩子的角度进行交流，改进亲子关系。

茜茜，女，13 岁，初一年级学生。茜茜爸爸经营着一家服装店，妈妈是企业的推销员。晚上，茜茜爸爸总在服装店里忙碌着，妈妈还在外面推销产品，茜茜只能到楼下的快餐店吃晚饭。早上，茜茜爸爸还在梦乡里，妈妈就忙着洗衣服、煮早饭，匆匆把茜茜送走。双休日，三个人也都各忙各的，很难凑到一起。茜茜有需要的东西就写在纸条上并贴在门后，妈妈准备好之后也是通过纸条告知。前两天，茜茜妈妈在回家路上竟然发现茜茜和一位男生手拉着手，依偎在一起，一副很亲昵的样子，真后悔自己平时和女儿沟通太少了，导致女儿外出寻爱，觉得平时应该与女儿多交流，多给女儿一点爱，但不知什么时间和女儿交流好。

家长善于利用时间和孩子交流，亲子关系就好，孩子性情就温和，就容易形成信赖感。相反，如果不善于利用时间和孩子交流，亲子关系就会受到影响，孩子发展就会受到阻碍。那么，一天 24 小时内，哪些是亲子交流的“黄金时间”呢？应该如何用好“黄金时间”呢？

1. 早上起床前——“薄荷时间”

所谓“薄荷时间”就是要让孩子起床前的时间如薄荷般清新和

令人愉悦。家长为孩子睁开眼睛到起床之间预留 15 分钟左右的时间，营造一个适宜环境，可以让孩子自然地醒来。比如，打开窗户，让新鲜空气进来；放上令人愉快的轻音乐；轻轻摩挲孩子的头顶；给孩子美好的问候；给孩子一个拥抱和亲吻等，这样能使孩子一天都有好心情。

2. 接送路途上——“钻石时间”

上学和放学的路上，是亲子交流的“钻石时间”，会发生许多令人难忘的亲子故事。在这段时间里孩子会分享学校发生的事情和上学的感受，家长能及时掌握孩子的心理动态，做出正确的引导。地面上斜斜的影子，就是亲情最好的见证。

3. 外面回家时——“奶油时间”

“奶油时间”指的是无论家长还是孩子，从外面赶回家后都需要一段时间用来放松和调整，这段时间就应该像奶油那样松松软软，令人舒适自在。当孩子上学一天回到家时，不希望迎接他的是家长连珠炮似的抱怨和批评，而是希望得到家长的拥抱、耐心的倾听。父母工作一天回到家中时，也需要一段时间来放松一下。所以，家长应该和孩子约定，为每个从外面赶回家的家庭成员留一段松松软软的“奶油时间”，彼此送上热情的欢迎，可以是一句问候、一个拥抱、一双拖鞋或一杯热茶，让大家有时间安静地待一会儿。

4. 晚上入睡前——“蜜糖时间”

“蜜糖时间”是利用入睡前的时间和孩子“谈情说爱”，让亲密的感觉成为调和亲子关系的“蜜糖”。这时候，家长应该是认真是倾听者，这样孩子才会愿意跟父母分享他的担忧、希望和心愿。入睡前充满爱意的拥抱、亲吻和抚摸可以缓解孩子内心的不安，让孩子的身心得到放松和满足，平静地进入甜美的梦乡。

5. 周末休息时——“黄金时间”

“黄金时间”是指家长与孩子约定一起做一些大家都喜欢的活动的时间，这是增进亲子感情的重要方式。安排“黄金时间”首先应挑选活动。尽可能列出父母与孩子喜欢一起做的事情，越多越好，由孩子挑选出其中他最喜欢的几项。比如，放风筝、拼图、下棋、玩电脑游戏等。其次，订下“约会”。双方预约好每次“黄金时间”的日子、时间，在日历上标示清楚。再次，给予肯定。在每次的“黄金时间”里，父母要多肯定和赞美孩子，多保持身体的亲近，尽量避免质问、命令和批评等语言。

亲子关系是否亲切、融洽，在一定程度上影响着孩子的发展方向。如果亲子关系良好，孩子就会配合父母，在不知不觉中会学到很多好的东西；如果亲子关系恶劣，父母的言传身教就很难对孩子产生潜移默化的影响。合理地利用“黄金时间”和孩子交流，家长和孩子的心就由一条管道连接着，亲子沟通就不成问题。

“太空时间”化矛盾
——如何运用“太空时间”

“太空时间”是指夫妻或亲子两人共度的一段很特别的时间。在这段时间里，双方放下关系紧张的话题，把所有不愉快的记忆或者情绪抛开。就像坐火箭去太空一样，把所有不愉快的事留在地球上。

倩倩，女，16 岁，初三年级学生。倩倩最近和妈妈闹得很僵，两个人互不理睬已经一周了。起因是上周日早上天气转凉，妈妈要求倩倩多穿一点衣服，连说了两遍，倩倩都默不作声，当倩倩妈妈说第三遍时，只听到倩倩大声嚷嚷：“你烦不烦，我早就知道了。”听到女儿声音突然大起来，倩倩妈妈感到非常气愤，指着倩倩的鼻子，对着倩倩一顿臭骂，只见倩倩“砰”的一声，关上了房门，躲到房间里去了。本周，倩倩妈妈采用了很多方法，想要改善母女之间的关系，但一直没有效果，为此倩倩妈妈苦闷不已，决定到网上看看有没有什么好方法。在网上倩倩妈妈看到了“太空时间”，“太空时间”可以用在改善夫妻关系方面，能否把它用在改善亲子关系上呢？该怎样使用才能取得好的效果呢？倩倩妈妈为此陷入了沉思之中。

家长合理地运用“太空时间”，可以防止一些负面的情绪或态度使亲子关系出现疏远，形成隔膜，沟通中断，让孩子感到无助。那么，应该如何正确运用“太空时间”呢？

1. 机制约定

“太空时间”机制的建立，需要家长和孩子在心情都很好时一同坐下，明确规则和实行的程序，包括这段时间的目的意义，进入这段时间的方法，双方在这段时间内的关系，双方的一些约定等。规则和程序越清楚，越有利于操作。这就像买保险一样，在需要时才去建立就晚了。

2. 时间约定

家长和孩子都可以提出进入“太空时间”的要求，不得设立任何先决条件，这个要求可以用口头也可以用书写的方式表达。一般情况，每次的“太空时间”应不少于 1 小时。如果一次的“太空时间”已经使两人关系恢复和好，两人可以另选时间讨论引起冲突的事情。如果一次“太空时间”未能达到效果，两人可以在结束之前约定第二次“太空时间”的日期。

3. 环境约定

“太空时间”最理想的环境是宁静、舒适、不受打扰的书房或卧室。亲子双方在这种环境中可以一边慢慢喝茶一边慢慢聊，也可以在轻音乐中互相回忆美好时光。

4. 态度约定

在“太空时间”里，亲子双方决不争论或互相抱怨、不提起未解决的事、不算旧账、不谈判、不逼对方、不发泄情绪在对方身上，更不得运用手段对付对方，比如拖延、欺骗等。如果家长坚持自身地位超越一切、自己从来没有错误、发脾气等态度和行为模式，“太空时间”就不会有什么效果。

5. 手势约定

亲子双方需约定一个手势作为信号。在“太空时间”里，如果一方忘记遵守规则而开始说抱怨、批评、发泄的话，另一方便发出这个信号。当一方看到这个信号，便需马上改变话题和行为。若一方发出了三次这个信号，另一方仍不改变，这一方就有权中断“太空时间”而离开。

今天已经有载人去太空旅游的计划。大家都知道把 500 克的重量推到太空,需要很多的燃料,所以,到太空旅游就要把所有东西留在地球上,两手空空地登上宇宙飞船。“太空时间”就是用这种抽离的方法来维护亲子关系的,这是亲子关系的急救箱,是血浓于水的保鲜剂,是亲子关系出现危机的紧急处理机制。

家教方法篇

生活是所好学校
——如何正确应用生活教育法

生活教育法是陶行知先生生活教育理论的核心。陶行知先生指出:“生活教育是生活所原有,生活所自营,生活所必需的教育,生活无时不含有教育的意义。”所谓“过什么生活便是受什么教育;过好的生活,便是受好的教育,过坏的生活,便是受坏的教育。”讲的就是这个道理。

颖颖,女,5岁,幼儿园中班学生。颖颖是一位懂事明理、聪明伶俐的女孩,不仅能自己穿衣脱鞋,刷牙洗脸,而且能经常给家里种的两盆月季花浇水施肥,现在两盆月季花长势喜人,鲜艳的花朵娇嫩欲滴。颖颖还懂得礼貌待人,家里来客人时,颖颖总能招呼客人就座,给客人倒水递茶,给客人表演节目,每次总会赢得客人的啧啧称赞,客人经常当着颖颖爸爸妈妈的面夸奖她:“你家闺女这么懂事,今后肯定大有前途,你们是怎么培养她的?”每次听完客人的话,颖颖爸爸妈妈总会高兴地回答:“其实我们也没做什么,只不过从小就注重对颖颖进行了生活练习,是生活教育了她,培养了她。”

让孩子从小接受生活教育法的锻炼,可以帮助孩子成长为身心正常发展、具有独立能力、充满活力、充满自信、充满情感、遵守纪律、求知欲旺盛、有自我学习能力和创造力的优秀儿童，可以为孩子一生的成长奠基。那么，应该如何正确应用生活教育法呢?

1. 给孩子一个自主的空间

心理学指出，“活动”是主客体相互作用的桥梁。家长要充分利用生活活动这样一个桥梁，有的放矢地促进孩子成长。但是，在日常生活中常常可以看到这样的情景：当孩子在努力尝试自己搬起一把椅子时，家长会说：“太危险了，走开！”当孩子被一个漂亮的花瓶所吸引，想用手摸一摸，家长会指责：“不能摸，危险，到一边去!”经常如此，孩子便会感到无所适从，对周围的环境会产生不信任感，产生疑惑，“到底什么地方才是属于自己的空间呢？”其实，孩子动手操作的过程正是他探究客观世界的过程。因此，家长在家中要为孩子开辟一片属于他自己的小天地，给孩子一个真正自由的空间。在这片小天地中，所有的物品都应该以孩子的意志为主，是孩子所喜爱的，尺寸是符合孩子操作的。这样，孩子就可以自主地利用环境，自由选择，孩子的专注能力和探究能力就会得到培养。

2. 给孩子一些劳动的体验

生活教育要从日常生活练习开始，经常参与家务劳动的孩子，在秩序感、责任心、独立性等方面的发展都较为突出。家长在分配孩子家务劳动时，应考虑到孩子的实际年龄。比如，2~3 岁的孩子可以学习收拾自己的玩具、帮助父母取放一些轻便的物品；4 岁的孩子可以在吃饭的时候分发碗筷，可以在厨房里协助父母剥豆角等；5 岁的孩子可以学习用饭勺盛饭，尝试洗自己的小手帕、短袜等。

3. 给孩子一段规律的生活

好的生活习惯一旦养成，就将陪伴孩子一生。所以，在家庭中，家长应帮助孩子过有规律的生活，养成良好的生活作息习惯。即使是节假日，父母也应根据孩子已有的作息时间，安排孩子的社交活动，尽量不要打破孩子已经形成的生活习惯。如有特殊原因，家长一定要向孩子说明，做到影响最小化。

4. 给孩子一次成功的机会

家庭生活中，家长为孩子做示范时，应该将所要展示事情的正确做法，归纳成简洁明了的几个步骤，便于孩子模仿，帮助孩子体验成功，减少孩子的挫败感，增进孩子自信。孩子成功完成任务时，家长要及时给予大拇指、微笑、拥抱等，当孩子遇到困难时，家长要不失时机地鼓励孩子，帮助孩子克服困难，取得成功。

5. 给孩子一种宽容的心态

家庭生活中，家长要尊重孩子的成长节奏，给予孩子反复实践的机会。孩子做错事或做事情速度缓慢时，家长要保持平和的心态，不要用“你怎么这样不听话”“我对你太失望了”“你怎么老是做不好”等过激的言辞，以免打击孩子的自尊心，使孩子产生自卑感，丧失向上进取的动力。

生活教育法可以有计划地指导孩子养成良好的生活习惯，培养孩子健全的品格，使之成为身心平衡、手脑并用、德智兼修、文武合一的人。运用生活教育法时，家长应该遵循孩子身心发展规律，给孩子充分的自由、尊重和接纳，促进孩子个性发展，帮助孩子成长为完整且独立面对未来的人。

环境也是好老师

——如何正确应用环境熏陶法

环境熏陶法是家长通过选择或有意创设积极向上的环境,让孩子在耳濡目染中受到影响的教育方法。家长的性格、兴趣、才能以及情绪状态等,时刻影响着家庭环境,对孩子起着潜移默化的作用。如果家长有健全的品格,爽朗、乐观、豁达,那么家里就会充满欢乐;如果家长对生活充满热爱,兴趣广泛,勤于学习和钻研,那么家里就会充满学习的气氛;如果家长有音乐、美术方面的才能,那么家里就会充满艺术的气息。

飞飞,男,13岁,初一年级学生。五年前飞飞的爸爸妈妈离异,经常为财产分割争论不下,有时还要大打出手,飞飞被爸爸妈妈像皮球似的踢来踢去,从小就尝尽了生活的冷酷和无情。进入初一年级以后,飞飞和爸爸一起生活,爸爸经营着一家小超市,平时住在超市里,几乎没有时间和飞飞交流思想,看到飞飞不听话或成绩不好,不是训斥就是打骂。上个星期天下午,飞飞爸爸接到派出所的电话,反映飞飞到工厂偷窃时被保安人员当场抓住,由于年龄尚小还不能刑事处罚,要求飞飞爸爸把飞飞带回去严加管教。放下电话后,飞飞爸爸立即赶到派出所,在审讯室门口看到飞飞正一边抽泣一边对警察说:“每到周六和周日,学校不上课,我就在街心公园坐着,看车来车往,看人来人去,看着别的孩子牵着父母,这时我就想:我是一个被遗弃的孤儿,活着还有什么意思?倒不如偷点东西自己逍遥快活。”飞飞的话揪痛了爸爸的心,想不到孩子小小年纪竟有这样的想法。

一个家庭的环境如何，取决于家长对孩子的态度和教育能力的高低。家长若有较强的教育能力，那么教育方法就易为孩子所接受，发现问题也能及时处理好。反之，如果家长教育能力低，平时不会管教，那么出了问题便会束手无策，不是唉声叹气，就是打骂孩子，这样的家庭气氛肯定会很紧张。因此，家长要加强家庭教育理念和方法的学习，营造融洽的家庭环境，培养孩子良好的个性，发展孩子的智能，让孩子在轻松、温暖的气氛中受到影响和教育，健康快乐地成长。那么，应该如何正确应用环境熏陶法呢？

1. 和睦温馨

俗话说："家和万事兴"。夫妻、亲子之间关系和睦不仅能让家庭充满爱和温暖，而且有助于孩子健康快乐地成长。家长尊重孩子的想法和看法，孩子孝顺家长，懂得分享和感恩，这样的家庭环境下成长的孩子，大多能拥有和善和细腻的感情，更能开拓成功的人生。

2. 民主宽松

家长给予孩子恰如其分的评价和期待，提供孩子必要的支持和帮助，会使孩子感受到宽松的家庭氛围。比如，孩子某次考砸了，家长不但没有指责和辱骂孩子，反而给予孩子更多的帮助和鼓励。在家长帮助和激励之下，孩子往往会奋力学习，迎头赶上，取得学习进步，激发更多的学习潜能。

3. 乐于交流

家长经常与孩子进行情感交流，切实关心孩子的心理感受，每天留出一点时间和孩子谈天说地，既可以了解孩子当前所遇到的问题，帮助孩子找到答疑解难的方法和策略，又能使亲子关系得到协调，适宜行为得到发展，呈现出良好的亲子互动关系。

4. 界限明确

俗话说："无规矩不成方圆"。家庭规则是家庭成员应该遵守的一些基本行为准则。孩子的教育也是从规则开始的，家长要让孩子明白什么该做什么不该做，这对培养孩子良好的社会行为和责任心非常重要。

5. 要求一致

不少家庭中除了父母以外，还有祖父母甚至外祖父母，全家人共同承担着对孩子的照顾和抚养责任。老人们的一些做法和观念经常会和孩子父母产生冲突，对孩子的要求也会出现矛盾。在这种情况下，孩子往往会察言观色，形成不良的品性，同时矛盾冲突造成的紧张气氛也会给家庭中所有成员带来压力和不愉快。因此，家庭成员要经常沟通，对孩子的要求一定要保持一致，让孩子在全家人的呵护下健康快乐成长。

孩子在宽容的家庭环境中长大，就学会了忍让；在激励的家庭环境中长大，就学会了自信；在公平的家庭环境中长大，就学会了正直；在支持的家庭环境中长大，就学会了信任；在友爱的家庭环境中长大，就学会了关爱，这样的家庭就会始终充满亲切、友爱、平等和欢乐。

榜样示范力量强

——如何正确应用榜样示范法

榜样示范法是教育者以自己或他人的高尚思想、模范行为和卓越成就影响孩子,促使其形成优良品德的方法。家长是孩子的第一任老师,也是孩子的终生老师,是孩子最经常、最直接、最亲近的榜样,对孩子的成长起着不可替代的作用。中外教育家都非常注重家长的榜样示范,躬行身教,孔子认为:“其身正,不令而行;其身不正,虽令不从”。苏联教育家马卡连柯也指出:“父母对自己的要求,父母对自己家庭的尊敬,父母对自己一举一动的检点,这是首要的和最基本的教育方法。”

巍巍,男,10岁,小学三年级学生。巍巍爸爸妈妈都很注意在儿子面前的言行,巍巍也从爸爸妈妈身上学到了不少。今年暑假,巍巍爸爸陪爷爷到北京去看病,临走前,巍巍像个大人一样对爸爸说:“爸爸,你放心去吧,我在家会照顾好奶奶和妈妈的。”最近,巍巍看到爸爸妈妈在每天晚饭后都会安静地看报纸杂志,也放下了爱不释手的游戏机,自觉地看起了名著。巍巍爸爸妈妈没有想到自身的榜样示范作用这么大,让孩子改变了不良习惯,增添了许多正能量。

家长的言谈举止对孩子有着很大的影响。家长以好思想、好言语、好行为影响孩子,可以促进孩子健康发展;相反,家长不好的思想、言语和行为对孩子成长就有着很大的负面作用。那么,应该如何正确应用榜样示范法呢?

1. 榜样事迹要真

任何榜样都是社会集体中的成员，不可能尽善尽美。家长做孩子榜样时，要把自己小而真的优点展现给孩子，提供孩子行为的参照；为孩子选择榜样时也要客观全面地展示其成长过程，如实地反映其真正具有的高尚思想品德，不能人为地夸大、拔高，提供一些不食人间烟火、没有七情六欲的"高""大""全"式的人物形象。只有这样，才能树立起让孩子心悦诚服的榜样，才不会使孩子感到高不可攀。

2. 榜样距离要近

家长应以自己的一言一行、一举一动或者选取孩子身边的人物，比如，孩子的同学、伙伴或年龄相仿的亲戚，做孩子的榜样，这样可以使榜样形象更为鲜活，帮助孩子充分感受到榜样的事迹和作用。

3. 榜样范围要广

家长在为孩子选择学习榜样时范围要广，既可以包括歌坛和荧屏偶像，也可以包括商业成功人士；既可以是普通工匠，也可以是城市形象大使、时代先锋等。但不能总选择那些学霸、才子，否则容易让孩子产生厌烦心理。

4. 榜样教育要全

家长一方面教育孩子要一分为二地看待榜样，辩证地看待榜样的不足，恰当处理榜样教育所传递的信息。在教育过程中既不能有意识地遮掩榜样缺点也不能紧盯着其缺点不放，忽视榜样先进性的一面。另一方面要告诉孩子榜样的未来发展也具有不确定性，并非一定经得住历史的检验，有时也会走向反面，但绝不能因为榜样本身的暂时性、相对性而否定榜样所蕴含的精神价值。

5. 榜样学习要实

家长指导孩子学习榜样时，一方面要善于激起孩子对榜样的敬慕之情，只有使孩子在心灵深处对所学习的榜样产生惊叹、爱慕、敬佩之情，才能使外在的学习榜样转化为孩子心目中的榜样；另一方面要和孩子一起讨论，帮助孩子深刻把握榜样的思想言行及其社会意义,加深孩子对榜样的认识理解,从中达到自我教育、自我提高的作用,把他律转化为孩子自律。

榜样是无声的语言，而这种无声的语言往往比有声的语言更有力量。家长一方面要以身作则,凸显家庭教育的吸引力、说服力和感染力。另一方面要针对孩子可塑性大、模仿性强的特点,选择那些先进人物作为孩子学习榜样,让孩子随着学、跟着走。这样,家庭教育才容易发挥作用,取得实效,才有助于孩子养成良好的道德品质和行为习惯,使孩子终身受益。

激励必须讲技巧
——如何正确应用正向激励法

激励是强化的一种方法。心理学家斯金纳提出的操作条件反射理论中,认为人或动物为了达到某种目的,会采取一定的行为作用于环境。当这种行为的后果对他有利时,这种行为就会在以后重复出现;不利时,这种行为就减弱或消失。当一个操作发生之后,紧接着呈现一个强化刺激时,那么这个操作的强度(概率)就增加。因此,要增强孩子的适宜行为,就要不断激励孩子。

毛毛,女,6 岁,大班学生,弟弟点点刚好两岁。在点点出生之前,毛毛是一个非常活泼的孩子,那时候家里到处都有她的欢声笑语。自从点点出生以后,全家人都把注意力集中到了点点身上,毛毛感觉自己受了冷落,笑声开始变稀了,话语变少了,情绪低落了。怎么解决孩子的这个问题呢,毛毛妈妈翻了很多书,其中有一本书上介绍只有多表扬,才能建立孩子的自信。于是,妈妈不管大事小事,都表扬毛毛,比如,一月前毛毛在幼儿园唱歌比赛获得了一等奖, 看到她拿回奖状, 妈妈就对她说:“毛毛唱歌比赛中得了一等奖,妈妈真高兴。”并奖给了她 10 元零花钱。半月前毛毛自己学会了跳“小苹果”舞蹈,妈妈为了激励她,又给了 5 元零花钱,诸如此类的例子还有很多。可是毛毛每次受到家长表扬和奖励后,好像作用不大,反应依然很冷淡。

孩童时期是培养孩子成就感和自信心的关键时期,家长科学有效地表扬孩子,不仅能够建立和谐的亲子关系,而且能够激发孩子的自信心,促进孩子健康成长。那么,应该如何正确应用正向激励法呢?

1. 激励要具体有效

激励得越具体,孩子越容易明白哪些是好的行为,越容易找准努力的方向。比如,孩子看完书后,自己把书放回原处,摆放整齐。如果家长说:“你今天表现得不错。”这样的表扬效果会大打折扣,因为孩子不明白“不错”指什么。家长如果说:“你自己把书收拾得这么整齐,我真高兴!”下次孩子就会更用心地摆放好书本了。

2. 激励要注重过程

及时肯定孩子取得的进步是巩固孩子好行为、帮助孩子形成良好习惯的重要手段,比如,孩子绘画比赛拿到了一等奖,家长对孩子说:“你这次绘画比赛拿到了一等奖,说明你是一个很专心、爱吃苦的孩子,爸爸妈妈为你有这么好的表现感到自豪。”这样激励孩子,孩子下次还会专心,还会吃苦,好行为就会逐渐巩固下来,形成好习惯。

3. 激励要注意频度

激励能够焕发孩子的自信和动力,但太频繁的激励也会伤害孩子的自信和动力。因此,家长在培养孩子好习惯的过程中,一开始要多激励孩子,当孩子慢慢养成习惯后,就要逐渐减少激励次数,拉长激励的间隔时间,降低激励的强度。这样,孩子才会不断努力,去争取更大的进步。

4. 激励要淡化物质

家长在进行激励时,不要太注重物质鼓励,而应以精神激励为主,比如,一句赞赏的话,抱一个,亲一口,一朵小红花等,通过激励让孩子收获正能量。太注重物质激励的话,会导致孩子养成拜金主义和物质主义,影响孩子正确价值观的养成。

5. 最好是自我激励

教孩子自我激励,是家庭教育的重要内容。首先,家长要帮助孩子制定一个明确的目标。在制定目标时,应从孩子的实际出发,不可过大过高,最好先制订那些容易达到的目标,然后再逐渐增加目标的难度。其次,家长要帮助孩子找到自己的优点和长处,学会欣赏自己。再次,家长要指导孩子学会积极心理暗示,给自己加油鼓劲,给自己喝彩,帮助自己更进一步。

教育孩子主要靠家长的言传身教,其中身教对孩子影响最大也最深远,激励只是辅助手段。所以,为了孩子,家长应首先改变自己,让自己越来越好,以身作则,率先垂范,只有这样,孩子才会越学越好。

代币奖赏好处多

——如何正确应用代币奖赏法

所谓代币法是指把奖励的结果用虚拟的货币量化，比如，分数、小红花、五角星等，完成了规定的事项就奖励规定数量的代币，然后用代币换取自己喜欢的东西或是实现自己的愿望。具体地说，就是由家长和孩子协商制定出一系列的制度，规定要求孩子完成的事项和相应获取的代币数量，让孩子通过努力获取一定数量的代币，通过兑换达到自身愿望的满足。

强强，男，10 岁，小学三年级学生。强强进入三年级以后，到培训机构去学钢琴，每次培训结束时音乐老师再三叮嘱，回家以后要按时练琴。开始几天强强还能够认真练习，可是每天面对冰冷的键盘，枯燥的音符，强强就心不在焉，没精打采了。强强妈妈看在眼里急在心里，为改变孩子的这种状况，就仔细地记下强强练每一支曲子所用的时间，计算出它一个小时大约可以弹多少次曲子，心里有数之后，就对强强说："我们从今天开始，就按遍数来练琴，只要你弹够了遍数，就可以去玩。"强强听完妈妈的要求，马上弹起了钢琴。开始，这种方法效果很好。可没多长时间，妈妈发现强强弹曲子越来越马虎，只有数量没有质量了。怎么办？妈妈就又想了一个办法，对强强说："妈妈听你弹琴越来越马虎，这样不好。妈妈再给你提一个新的要求。从今天开始，妈妈给你弹的曲子打分，弹得最好的打 5 分，依次往下减。你每天弹的曲子只有达到 4 分以上，才能算一次，否则就不算。"这样，强强弹琴认真了点，但由于太枯燥，脸上还常常流露出厌烦的表情。妈妈做了强强几次思想工作，但收效不大。强强特别爱打羽毛球、吃肯德基和旅游，平时，强强妈妈轻易舍不得给强强买，也很少陪强强出去玩，妈妈想为什么不利用这些来调动孩子练琴的积极性呢？于是就对强强说："妈妈每天把你练琴得的分数算出一个平均数，也就是每天给你记一个平均分，在记录表上记好，每周累计下来，你如果能得到 4 个 5 分，就陪你去打羽毛球，你如果能得到 5 个 5 分，妈妈就陪你去吃一次肯德基，你如果能得到 6 个 5 分，妈妈陪你去短途旅游一次，好不好？"强强一听，高兴地说："好！"从那以后，强强每次练琴认真多了。妈妈也从不食言，每到周末的时候，都要兑现奖励。一段时间之后，强强对弹琴的兴趣逐渐增强，练琴成了他每天的必修课。

在教育孩子的过程中，奖励是一种肯定和鼓励，是激发孩子的积极性与潜能、引导孩子进步的重要手段，任何奖励方法都讲求运用得当，运用得好可以达到激励孩子的作用，运用不好就会适得其反，让孩子形成不正确的价值观。那么究竟哪种奖励的方法更合适呢？单纯的物质奖励容易让孩子的注意力全部放在得到的战利品上而忽视了获得奖励的过程，但一味的精神奖励也容易让孩子产生精神疲倦而失去奖励的意义。代币奖赏法是物质奖励和精神奖励很好的结合，这种方法对于年龄较小的孩子来说非常实用有效。那么，应该如何应用代币奖赏法呢？

1. 民主制定 具体可行

当孩子做出一定的行为或付出一定的努力后家长应给予一定的代币作为奖励，孩子行为的难易程度必须与获得代币的数量相当，难度大的目标行为应多给予一些代币，难度低的行为给予较少的代币。行为的难易程度及获得代币的多少应由家长与孩子共同商议确定，家长应充分听取孩子的意见。具体操作方法是：首先，家长了解孩子的兴趣与愿望，比如，孩子最喜欢的东西、最想要的玩具、最想去的地方、最爱吃的食物等；其次，与孩子一起罗列出需要改善的行为，按照从易到难的顺序将行为排序，并从中选择几条给以具体的目标，刚开始实施时，行为选择不宜过多，一般不超过五条，而且一定要至少有两条是孩子容易做到的，给孩子以信心坚持。再次，认真商定有关规定。包括确定“代币”的表示方法，比如，打√，或者记“红五星”等；确定行为达到时可以得到的代币数量；确定“代币”与奖励的兑换标准，开始时兑换标准最好细一点，将孩子可能赢得的最少“代币”奖励考虑进去，而且要将物质与精神奖励联系起来；确定“代币”兑换的时间，刚开始可以两天给孩子兑换一次，以激发孩子的兴趣，以后逐步延长。最后，做一张记录表，定期记录，按时奖励。

2. 奖励为主 惩罚为辅

实施代币奖赏法时，应当奖励为主，惩罚为辅。奖励可以使孩子的适宜行为更好地固化下来，有利于保持孩子的兴趣，形成良好的习惯。但是在孩子没有完成既定的任务和行为时，家长也可以根据事先商议的原则给予适当的惩罚，即减少代币数量。这样，可以让孩子意识到行为的不良后果，让孩子为自己的行为承担一定的责任，付出相应的代价，从而达到纠正其不良行为的效果。

3. 强化过程 淡化结果

表扬是为了不表扬，奖励是为了不奖励。奖励的目的是通过奖励使孩子有荣誉感，有幸福的体验，从而增强孩子的自尊心和自信心。因此，要强化奖励过程，淡化奖励结果，让孩子明白对他的奖励绝不是他做的事情本身而是奖励他做事情时表现出来的态度和思想品质。当孩子完成了既定的行为或任务后，家长不可以简单给予代币，应当明确地指出在此次的活动中孩子的学习态度如何，认真程度如何，以及其他的一些具体表现如何，让孩子明确知道得到奖励的原因，同时还有哪些做得不足的地方。这样一方面让孩子觉得家长对他的奖励不是一种敷衍，另一方面也让孩子知道了今后努力的方向，对其良好的行为形成积极的正强化。

4. 认真执行 注意变通

家长与孩子最初商议制定的代币奖励原则是应当遵照的，但家长在正式实行的过程中还应当注意变通，对孩子出现的一些原则之外的良好行为也应当及时给予肯定和奖励，这样才不会让孩子只注重行为的结果而非行为的过程，才能达到奖励的初衷。对于奖励的强化物品、需要改善的行为、代币奖励的周期等，也要根据孩子的年龄和身心发展进行相应的变化。

5. 择机进入 适时退出

针对孩子的行为，家长要择机选用代币奖赏法，先用物质奖励，再用精神奖励，先加大刺激频率，后逐步减小频率，先提出较低要求，后提出较高要求，家庭成员之间要形成一致要求，持之以恒，待孩子良好习惯养成，表现自然正常以后要适时撤销奖励。

代币奖赏法运用得好可以让孩子通过自己的努力最终达到目标，从获得代币的过程中感受到成就感，自然而然建立良好的行为习惯。反之，运用得不好也容易转化成孩子对物质奖励的一味追求，只注重行为的结果而忽视活动的过程，不但不能形成良好的行为习惯，反而使孩子沉迷于如何投机取巧中。因此，任何奖励方法都应掌握其原则和方法，关键要运用得当，在合适的时机针对合适的行为运用合适的奖励方法，这样才能最终达到家长所期望的目标。

批评孩子有方法

——如何正确应用批评教育法

批评是评论、评判的意思,批评也是激励的一部分。合适的批评是激发孩子行为的心理过程,是调动孩子积极性的一种有效的方法。每一个孩子都免不了会犯错误,犯了错就要受到批评,批评应因人而异,适当的批评会助孩子进步,不当的批评会使孩子产生对抗情绪。

清清,男,5 岁,中班学生。清清一岁左右的时候,爸爸妈妈就到苏州去打工了,清清一直由爷爷奶奶带大,爷爷奶奶对孙子非常溺爱,清清在家里过着小皇帝般的生活,从小身上就有许多缺点。清清上幼儿园时,爸爸妈妈把清清接到了苏州,特地托人给清清找了一个好的幼儿园,希望孩子在优越的条件下能够更好地成长。哪知,清清进幼儿园才一个星期,幼儿园老师就打电话来告状,反映清清不注意个人卫生,还专门欺负其他小朋友。为此,妈妈严厉批评了清清,哪知清清竟然不买账,当场和妈妈回嘴,搞得妈妈很恼火。前天,清清在小区玩耍时,又把小区的小朋友打哭了,爸爸看到这种情况后,当着其他小朋友的面严厉批评了清清,哪知清清竟然不服气,一双眼睛一直盯着爸爸。看到孩子这种情况,爸爸心中感到非常无奈,不知道该如何批评孩子。

家长不管是表扬还是批评孩子,目的都在于激发孩子的正确行为动机,调动孩子的积极性和创造性,以充分发挥孩子的智力效应,产生出最大效果。批评的艺术在于严厉和善良的圆满结合,孩子应该在家长的批评中,感受到的不仅是合乎情理的严厉,而且是对他充满人情味的关怀。那么,应该如何正确应用批评教育法呢?

1. 批评要讲清理由

家长批评孩子时,要和孩子讲清楚批评的道理。让孩子知道批评他是为了要改掉他身上的坏毛病,让他朝着正确的方向发展,防止孩子心里出现委屈和阴影。

2. 批评要有节有据

当家长批评孩子时,一定要有节有据,拿出足够的证据,恰到好处地批评孩子,让孩子听了心服口服,绝不能过多过滥过猛。家长批评孩子时,千万不能冤枉孩子,这样会给孩子蒙上一层心理阴影。

3. 批评要文明用语

批评孩子时,家长既不能带粗口,一些骂人的、非常难听的话不能用在孩子身上,这些脏话会教坏孩子,不仅达不到批评孩子的目的,反而会适得其反,让孩子学会了骂人;也不能动不动就贬低孩子,尤其不能数落孩子的短处,否则会严重伤害孩子的自尊心,批评也起不到教育警醒的作用。

4. 批评要单独进行

家长批评孩子时,尽量在私下的场合进行,不能在大庭广众下批评教育孩子,否则,会让孩子觉得很难为情、没有面子,容易让孩子叛逆、不服气等。

5. 批评要先褒后贬

家长批评孩子时,要一分为二地看待孩子,先要表扬孩子的优点,其次才能指出孩子的不足,让孩子看到自已的缺点;最后,要给予积极的鼓励,指出孩子今后努力的方向。这样批评孩子,孩子不仅会接受,而且容易改正。

幼儿时期的孩子自我意识正在萌发,希望得到家长的尊重与信任,处在"第一反抗期"。家长如果批评不当,孩子就会产生逆反心理和对抗情绪,导致亲子关系疏远,心理发展受挫,不利于孩子的健康成长。所以,有艺术的批评才会让孩子心悦诚服地接受并改正,只有这样,孩子才会在批评中明白自己的过失,才会更有利于今后的发展。

自然后果来惩罚

——如何正确应用自然后果法

自然后果法是法国教育家卢梭提出的一种教育方法，是指当孩子在行为上发生过失或者犯了错误时，家长不给孩子过多的批评，而是让孩子自己承受行为过失或者错误直接造成的后果，使孩子在承受后果的同时感受到不愉快甚至是痛苦的心理惩罚，引起孩子的自我悔恨，自觉弥补过失，纠正错误。卢梭说："我们不能为了惩罚孩子而惩罚孩子，应当使他们觉得这些惩罚正是他们不良行为的自然后果。"这就是自然惩罚的要旨。

霞霞，女，10岁，小学三年级学生。霞霞是一个马虎的孩子，经常丢三落四。有一天，霞霞放学回到家里高兴地对妈妈说："妈妈，我们明天要去市里的社会活动基地实践，总共四天时间，老师说需要全部吃住在那里。"看到霞霞兴奋的样子，妈妈对着女儿说："哦，这是一件好事情啊，相信你和同学们一定会过得很愉快的，你可要把东西都带好呀!"霞霞说："妈妈，您放心吧，我自己来准备，一定会全部准备好的。"随后，霞霞开始把衣服、鞋子、笔记本等东西收拾起来。霞霞收拾好后，便让妈妈来检查。妈妈过来一看，发现没有准备水壶，衣服带的也不够，于是提醒霞霞，"孩子，晚上可能也有社会实践活动，晚上出去会凉一点，你是不是多带几件衣服？"霞霞信心满满地说："妈妈，你放心吧，没问题的，衣服我全都准备好啦!"看到霞霞固执的样子，妈妈也不多说了。谁知，刚出去两天霞霞就从社会实践基地溜回了家。看到霞霞一副狼狈的样子，妈妈故意问女儿："活动开展得怎么样？过得开心吗？"霞霞说："活动挺开心的，可就是衣服带得不够，晚上冻得够呛。真没想到夜里那么冷，我只能回来拿衣服。”看到女儿一副可怜的样子，妈妈说：“是吗？这可以说是个教训呀，以后如果再有这样的活动你应该知道怎么办了吧？”霞霞虚心地说：“以后我再出去活动带什么东西，应该多听听你的建议。”

自然后果法符合现代心理学的基本原理，行为主义大师斯金纳认为行为由它的后果所控制，行为的后果本身构成对于行为的强化，影响行为再次出现的可能性，能带来好的后果的行为可能再次出现，反之则消失。因此，运用自然后果法，可以丰富孩子的体验，让孩子懂得怎样去服从自然与社会的法则，帮助孩子减少不良行为发生的频率。那么，应该如何应用自然后果法呢？

1. 要体验不干涉

自然后果法的目的是让孩子体会到自身行为所带来的自然后果，从而知道要对自己的行为负责。在这种方法运用的过程中，家长尽量不干涉孩子的行为，让孩子自己选择，这样孩子才会在实践中体验到自己选择的后果。如果在孩子选择或体验的时候，家长总是不停地唠叨或埋怨，孩子就会把注意力转移到维护自尊心上来，甚至反其道而行之，体验的效果必然大打折扣。

2. 要提醒不训斥

家长可以在事前和孩子讲清道理，让孩子懂得某种行为可能带来的后果，当孩子出现某种不良行为的时候，可以提醒他，但不要训斥他，因为过失所造成的后果将会给孩子适当的教训。

3. 要关爱不溺爱

运用自然后果法时，家长既要态度坚决，不能因为心疼孩子而过早过急地介入，使孩子免于承受自然后果；又要充满爱心，当孩子没有按照事先说好的去做时，不能只记得要惩罚孩子，更要晓之以理，动之以情，帮助孩子认识到事情的对错，让孩子在承受后果的同时明白道理。

4. 要保护不冒险

自然后果法并不是对孩子的所有行为都适用，而是要在确保不导致严重伤害和没有生命危险的情况下才能运用。比如，孩子挑食，家长可以让孩子尝尝挨饿的滋味；孩子不好好穿衣服，家长可以让孩子尝尝受冻的滋味；孩子固执，家长可以让孩子感受到固执带来的麻烦。如果家长眼看着孩子在玩火而不理会，让他承受自然后果，那很可能会带来无法挽救的局面。

5. 要灵活不盲目

自然后果法也有其不足之处，单纯的自然后果法只是让孩子知道某事不能做，而不明白不能做的真正原因是什么；孩子对行为的体验也只是从自身的角度出发，看到的只是该错误行为对自身的不良影响，培养的是一种以自我为中心的个人主义等。要克服这些缺点，家长就要灵活应用自然后果法，将自然后果法与正面诱导、启发等方法相结合，取长补短，实现教育效果的最优化。

无论使用哪一种教育方法，其出发点都是为了孩子健康成长，都是为了取得更好的教育效果。每一种教育方法都有其利弊，自然后果法也不可能是“千金方”，家长在使用过程中一定要取其精华，去其糟粕，绝对不能“见药就试”，盲目滥用。

角色扮演益处广

——如何正确应用角色扮演法

角色扮演法是要求孩子通过情景模拟，扮演指定的行为角色，并对行为表现进行评定和反馈，以此来帮助孩子发展和提高行为技能的一种培训方法。美国心理学家班杜拉的社会学习理论认为，孩子的社会行为是通过观察学习获得的，在观察学习中，家长有意识地给孩子正确、美好、规范的行为刺激，让孩子通过行为模仿或行为替代，充分体会角色的行为模式，借着自身经历的过程来学习并获得知识，及时调整自己的行为，达到预期的目的。

栋栋，男，11岁，小学三年级学生。邻居都夸栋栋卫生习惯好，整洁干净，见面总要问栋栋妈妈，"您怎么管教孩子的?"栋栋妈妈的回答极简单，"让他当'卫生部长'"。小时候爸爸妈妈为了培养栋栋良好的卫生习惯，可没少费心，但总是见效不大。有一次，他们从学生会"卫生部长"的身上受到启发：何不让孩子做做家里的卫生宣传和监察工作呢？于是，栋栋当上了"卫生部长"。爸爸妈妈与栋栋一起商量了卫生宣传和检查的内容：宣传卫生信息，检查家里各个房间的卫生情况和家庭各个成员的卫生情况；规定了每日一小查，每周一大查，每月一评比。刚开始扮演这一角色时，栋栋还在上一年级，人虽小，可相当负责任。每天晚上，他戴着自制的"袖章"，到各个房间检查，发现被子没叠整齐、衣服没有及时洗涤就当场向妈妈指出来，发现胡须刀没放整齐、家里有烟蒂就向爸爸指出来，发现报纸没放整齐、花草没及时浇水就向爷爷奶奶指出来，现在妈妈每天都把脏衣服洗得干干净净，爸爸烟瘾发作，也只能到屋外吸完了再进来，爷爷奶奶更是不敢随地乱扔报纸。栋栋不仅自己房间打扫得干干净净，而且“卫生部长”当得越来越得心应手。

角色扮演法可以帮助孩子解决生活中遇到的困难，让孩子真正成为家庭的主人，不仅能让孩子获得知识和经验，而且培养了孩子的合作能力以及学习分享的良好品质，有利于孩子养成良好的习惯，是家长教育孩子常用的方法之一。那么，应该如何应用角色扮演法呢？

1. 精心设计

家长对孩子扮演的角色要精心设计，不仅要冠以一个响亮的名称，而且要明确角色的内容和要求，赋予孩子应有的权利以及相应的义务，让孩子做到胸有成竹。如果没有精湛的设计能力，在设计上出现简单化、表面化和虚假人工化等现象，就会使孩子对角色身份摸不着头脑，感觉到这就是在演戏，孩子的能力就得不到真正的锻炼提高。

2. 自愿扮演

孩子扮演角色的自愿程度直接影响着目标行为的达成，自愿程度高的孩子会想方设法扮演好角色，改变自身的行为方式，自愿程度低的孩子参与意识不强，角色表现漫不经心。如果孩子不乐意接受角色扮演但又迫于家长压力没有明确拒绝，其结果是孩子不能完全进入角色，效果自然会大打折扣。

3. 强化培训

家长要强化孩子对角色理解和实践的培训，扮演前主要培训孩子对角色的理解，扮演中主要提高扮演的技能，扮演后主要思考角色扮演的体会以及改进的方法。孩子扮演角色时，切忌表现出刻板的模仿行为和模式化行为，偏离角色的基本内涵，失去扮演的意义。

4. 实践锻炼

家长一方面要鼓励孩子勇于实践，获得实际工作经验，明白本身能力的不足。另一方面要自觉配合好孩子的角色扮演，通过交流与沟通，发展孩子自我表达、相互认知和处理矛盾等社会能力，培养孩子的集体荣誉感和团队精神。

5. 总结提升

家庭实施角色扮演法后要定期召开会议，开始可以一天召开一次家庭会议，以后逐步延长到一周、半个月或者一个月召开一次家庭会议。先让孩子回顾角色扮演过程中的酸甜苦辣，提出对家庭成员的要求，然后由家庭成员对孩子扮演的角色进行反馈，反馈时应该表扬为主，提醒为辅。这样，才有利于孩子进一步扮演好角色，提升工作能力。

角色是动态的，家长一方面要及时丰富角色的内涵，让孩子通过不断的演练，学到更多的角色模式，让孩子真正地认识生活，学习新的行为方式，以适应未来生活；另一方面要允许孩子创造性地扮演角色，提高孩子的创新能力，发展孩子积极的情感，改善家庭人际关系，增进问题解决的能力。同时，家长要及时对孩子扮演的角色进行反馈，不让角色扮演走过场，避免让孩子“自由发展”。只有这样，孩子才能找到完成任务的满足感，才会真正喜欢上扮演的角色。

心理暗示作用大
——如何正确应用心理暗示法

所谓心理暗示，就是用含蓄、间接的方式，对孩子的心理和行为产生影响。心理暗示本质上是条件反射的心理机制，会使孩子不自觉地按照一定的方式行动或者下意识地接受一定的意见或信念。苏霍姆林斯基曾说过："任何一种教育现象，孩子在其中越少感觉到教育的意图，它的教育效果就越大。"心理暗示法就可以起到这样的作用。

俊俊，男，10岁，小学三年级学生。俊俊是一位活泼好动、学习成绩一般的孩子。期中考试过后，俊俊爸爸参加了家长会，看到俊俊成绩在班级中下游，心情有点郁闷。家长会结束后，俊俊爸爸闷闷不乐地回到家里，对妻子说："孩子成绩在班级中下游，应该怎么办呢？"俊俊妈妈听完丈夫的话，想到前几天刚学到的心理暗示法，就微笑着对丈夫说："不要紧，等会儿孩子回到家里，你就对孩子说，虽然期中考试成绩不好，但老师认为你是一位很聪明，非常有潜力的孩子，老师说只要努力，期末考试成绩一定会提高的。"吃过晚饭后，爸爸拉着俊俊的手，对他说："我今天下午参加了家长会，老师说，你有很多优点，非常聪明，故事讲得绘声绘色，同学们都很佩服，看图写话还经常被老师在班上念呢！可能期中考试前复习不充分，导致期中考试成绩不理想。老师说只要你努力，期末考试成绩一定会进入班级前列的！"俊俊的头奇迹般的抬了起来，感激地望了爸爸一眼。第二天，俊俊爸爸接到班主任老师电话，反映俊俊像变了个人似的，试卷上的错误均已更正，上课听讲格外认真，发言也十分积极。想不到心理暗示的作用竟然这么大。

恰当地运用心理暗示,能营造融洽的心理气氛,缩短亲子之间的距离,达到心理相容,使亲子沟通顺利进行,孩子就会信其言、效其行,从心理上产生尊从效应,实现从他律到自律的转变,提高行动的自觉性。那么,应该如何正确应用心理暗示法呢?

1. 情景暗示

情景暗示就是指家长通过营造某种场景和氛围来感染孩子,激发孩子兴趣,使孩子在潜意识的作用下自觉地投入学习,主动地参与活动。比如,夜晚,家长和孩子来到闹市区,看到灯光流光溢彩,有百货大楼的霓虹灯,有十字路口的红绿灯,有汽车打开的头灯等,这些灯光交相辉映,形成了一个光的世界。这时候家长就可以与孩子一起探讨光的知识,把对光的感性认识上升到理性认识。

2. 语言暗示

一位教育学家曾经说过:"一句话可以成就一个天才,同时也可以毁灭一个天才。"语言是心理暗示的重要途径。进行语言暗示时,首先要用积极的语言。积极的语言暗示可调动孩子学习的积极性,帮助孩子稳定情绪,树立自信心和战胜困难的勇气。其次,语言需要反复加强。潜意识不会在经过一两次语言暗示后便形成,它需要家长对其不断地用语言进行强化,直至达到预期目标。再次,语言必须讲究艺术性和生动性。恰当地运用语言暗示,巧妙地表达出弦外之音,可以取得无声胜有声的效果。比如,孩子成绩不太好,家长给孩子讲了很多道理,希望孩子努力学习,缩小差距,可收效甚微。这时就需要转变策略,家长可以经常有意无意当着孩子的面和亲戚朋友说,孩子近段时间很努力,相信下次考试成绩一定会有大的进步。这样的话语会对孩子有所触动,起到正向激励的作用。

3. 行为暗示

孔子说:"其身正,不令而从;其身不正,虽令不从。不能正其身,如何正人?"心理学认为,家长的行为是对孩子有力的暗示,孩子更易相信所见到的而非听到的事实。比如,晚上 9 点多了,孩子还在父母房间里津津有味地看着电视。这时候如果家长直截了当地告诉孩子要早点睡觉,也许会引起孩子的不满。相反,家长一言不发,走到孩子房间里把灯打开,把被子铺好。虽然家长一句话都不说,但是从另外一个角度告诉孩子应该睡觉了,孩子就会在家长行为暗示下走进自己的房间。

4. 眼神暗示

眼神是一种无声的语言，有时候比语言和动作能更细腻更清晰地表达想法。比如,在晚上吃好饭以后,家长在和孩子谈心,讲着讲着,孩子的两只手就不安分了,搞起了小动作。这时候只需要用眼睛紧盯着孩子的小手,孩子就能够警醒过来,双手就不会乱动。

5. 表情暗示

家长的表情可以传达多种信息,对孩子形成刺激,孩子会根据家长的表情做出相应的反应。孩子做了好事,家长点点头;孩子做出了一道难题,家长会心地笑笑;孩子犯了错误,家长皱皱眉头等。用这种方式对孩子进行鼓励或批评,孩子一般会欣然接受。

积极、含蓄而委婉的心理暗示就像春天里那一阵阵无声的细雨,悄然滋润着孩子纯洁的心灵,带给孩子轻松的氛围和愉悦的体验,融洽亲子之间的关系,从而避免说理教育带给孩子的压抑感和逆反心理，使孩子于无形中养成规范的言谈举止、优良的品德素养、良好的行为习惯及坚强的情感意志。家长多给孩子一些积极的心理暗示,如同春雨“随风潜入夜,润物细无声”一样,孩子就会在愉悦、轻松、温馨、自由的良好氛围中健康快乐地成长。

自我教育效力猛

——如何正确应用自我教育法

自我教育法，就是在家长的指导下，孩子在自我意识的基础上产生积极进取心，为形成良好的思想品德向自己提出任务，进行自觉的思想转化和行为控制的方法。自我教育法效果好，持久性强，是形成孩子优秀品德的根本动力。

晓晓，男，14岁，初二年级学生。上周日，晓晓和伙伴们在小区内玩呼啦圈，隔壁的小华把呼啦圈举过头顶的时候，不小心碰到了晓晓的脸，晓晓马上感到脸上一阵火辣，心里非常恼火，猛地把小华推倒在地，小华跌了个“狗吃屎”，鲜血顿时从小华的嘴里冒出，小华的一颗牙齿磕在了地上，小伙伴们忙把小华送到医院。晚上，晓晓爸爸听到事情经过后，心里非常恼火，想揍晓晓一顿，但冷静下来一思考，打孩子不是办法，孩子大了，被打后反而会变得更逆反。晓晓爸爸想到不久前看到的《案件警示录》这本书，里面有一个情节和晓晓相类似，决定等晓晓回家后把书给晓晓看，让孩子自己教育自己。晚上六点多，晓晓诚惶诚恐地回到家里，原以为爸爸会对他一顿打骂，谁知爸爸什么话也没说，只给了晓晓《案例警示录》和一张纸条，纸条上嘱咐晓晓抽空把书读完。晓晓拿到书后，连夜看了起来。第二天早上晓晓上学后，爸爸在晓晓房间里发现了一张纸条，上面写着：“我没有想到昨天的行为给小华造成了这么深的痛苦，带来了这么严重的后果，我在此向小华和他的爸爸妈妈表示深深歉意，并做出深刻检讨！今后我要控制好情绪，提高自身的修养，遇事不冲动。在此，我向爸爸妈妈保证，今后不管任何事我都会三思而后行，不辜负爸爸妈妈的期望，请爸爸妈妈相信我。”读完晓晓纸条上的留言，爸爸心里感到一阵欣慰。

与一般的教育方法相比，自我教育法具有许多特点。首先，自我教育法具有高度的自觉性。苏联著名教育家苏霍姆林斯基说：“我深信，促进自我教育的教育才是真正的教育”，外在的社会道德规范只有通过孩子的自觉接受，亲身体验，实际应用，并转化为内在的坚定信念，才能真正成为孩子的精神财富。其次，自我教育法具有个体性，与孩子的观念体系和心理活动密不可分。通过自我教育，可以把社会性的要求转化为孩子的思想道德素质。再次，在自我教育活动中，个体一分为二，主体的自我作用于客体的自我，主客体统一于自我的矛盾发展中。通过自我教育，可以使处于客体地位的孩子逐渐成长为家长所期望的主体。因此，从某种意义上说，自我教育不但是一种方法，更是教育的最终目的和归宿。那么，应该如何正确应用好自我教育法呢？

1. 自我认识

“人贵有自知之明”。自我认识是自我教育的基础。只有孩子对自我有一个正确的了解，明白自我的特点，比如：长处、短处、优点、缺点、成绩和不足等，才有可能进行自我教育。家长一方面要指导孩子通过自我思考弃旧图新、取长补短、不断进步。另一方面要指导孩子通过自我检讨发现不足，找出差距，激起自我提高和改进的要求与愿望。

2. 自我激励

心理学认为，动机是直接推动一个人活动的内部动力因素。通过制定目标、树立典型和开展竞争等途径，把正确的道德准则和行为规范转化为孩子主动接受教育的需要，可以帮助孩子产生自我激励的教育作用，激发孩子不断向上，取得进步。

3. 自我实践

实践活动是自我教育的基本途径。家长一方面可以指导孩子通过参观、访问、社会调查等自我体验活动，提高孩子对道德观点、道德品质和道德行为的认识；另一方面可以指导孩子通过遵守规章制度、参加公益活动、义务劳动和社会实践等活动进行自我教育。

4. 自我评价

自我评价是发挥自我教育作用的主要手段。家长可以引导孩子通过自我评述、自我评判和自我鉴定等途径进行自我教育，明确自己思想行为中存在的优缺点以及今后努力的方向。

5. 自我调控

自我调控是自我教育的重要组成部分。家长要鼓励孩子勇于接受现实，并善于采取自我调控措施，在成绩面前不骄傲，在失败面前不气馁，变被动为主动，变挫折为顺利，变失败为成功，不断发展、进步和提高。

叶圣陶曾说过“教是为了不教”，心理学家潘菽也说过：“自我教育是一个人在道德修养上的自觉能动性的表现。”这些都充分说明了自我教育的重要性。孩子自我教育的作用如何发挥、发挥得如何，关键在于家长的引导。家长对孩子引导方法得当，就会产生事半功倍的育人效果，对孩子的终生教育产生深远影响。家长教育孩子的时间是短暂的，而孩子自己教育自己的时间则是长久的。在家庭教育中，只有充分发挥自我教育的作用，孩子才能在成人、成才、成功的道路上走得更远。

行为消退有举措

——如何正确应用行为消退法

行为消退法是通过撤销某些不良行为的强化因素，从而减少这些行为发生的矫正方法。简单地说，就是家长对孩子的不良行为不予关注，不予理睬，那么，孩子的这种行为发生的频率就会下降，甚至消失。

波波，男，11岁，小学三年级学生。波波的爸爸妈妈都是普通工人，小姨在外市某高校任教。波波在家人吃饭时总是忙于做其他事情，有时看电视，有时看书，有时摆弄一些玩具，爸爸妈妈催促很多遍都无用，不仅影响了进餐时间，同时也影响作业和睡觉的时间。上个月，小姨路过波波家，了解了这种情况，就告诉姐姐，可以用行为消退法来纠正孩子的这种不良行为习惯。小姨说，当孩子没有按时吃饭时，爸爸妈妈通常都是大喊大叫，甚至对其行为进行批评或惩罚，爸爸妈妈的表现实际是对孩子这种不良习惯的充分关注，反而会帮助孩子养成坏习惯。相反，告诉孩子吃饭时间是一定的，过了这个时间，只能自己解决问题。然后，每次吃饭时间一到，就叫一声孩子。如果孩子来晚或没有来，就要按时把餐桌上的饭收拾干净，并禁止孩子吃零食。小姨离开以后，波波爸爸妈妈就在家里使用行为消退法纠正孩子的这种坏习惯，开始时波波没吃到饭就大吵大闹，还要求爸爸妈妈给他买零食吃，但爸爸妈妈不为之所动，几次过后，波波就开始正常吃饭了。

行为消退法依据的是斯金纳的操作性条件反射原理。孩子的攻击、破坏、说谎、过度反抗、任性、过度活动、厌食、拒绝午睡、打小报告、做鬼脸等不良行为均可运用消退法来矫正,能够自行满足孩子需要的行为或者对孩子的身体可能有损伤的行为不宜使用行为消退法。实践证明运用行为消退法矫正孩子的某些不良行为,可以取得显著的效果。许多家长也经常运用行为消退法来消除孩子的不良行为,但是由于缺乏专业的心理学知识和专门的训练,有时会出现误用甚至给孩子带来一些负面的影响。那么,应该如何正确应用行为消退法呢?

1. 记录不良行为的发生频率

在运用行为消退法之前,家长要记录孩子不良行为发生频率,建立一个行为基线。如果孩子的不良行为只是偶尔发生,就不需矫正,如果是经常发生,已经超出了行为基线,家长就应该采取措施进行消退。这里的行为基线没有固定的标准,要根据孩子的具体情况而定。

2. 明确不良行为的强化因素

家长要观察和确定需消退的行为,就要找到是什么因素对孩子的不良行为起了强化作用,以便对强化物加以抑制和消退。比如,孩子不准时睡觉,主要原因是家长在睡觉之前的陪伴,陪伴在孩子的不良行为中起着强化的作用,这时家长就要逐步减少陪伴,帮助孩子养成准时睡觉的习惯。

3. 消退不良行为的强化因素

家长对孩子的不良行为进行消退时,可以用“不予理睬”来进行抑制强化因素。比如,孩子因家长严厉训斥而撒谎,家长就撤除这种强化,坚持不严厉训斥孩子,最终达到治疗的效果。

4. 表扬奖励孩子的适宜行为

在消退孩子不良行为时,同时要对孩子的良好行为进行奖励。比如,对孩子不大哭大闹的行为不予理睬,直到孩子安静以后再对他进行奖励,并告诉孩子之所以获得奖励是因为他能够安静下来。奖励可以是口头表扬,也可以是几块糖或一个玩具等。

5. 注意控制消退行为的环境

家长要创造消退治疗的环境，注意控制其他人的行为，不要因其他人的干扰而使消退程序中断。比如，父母在孩子不午睡使用行为消退法时，不能允许爷爷奶奶插手安抚而使不良行为出现反复，否则这种做法会严重干扰消退程序，甚至会导致前功尽弃。

6. 持之以恒直至最后的成功

在消退法实施的初期，家长要做好心理准备，孩子的问题行为可能会加重，甚至产生情感抵触和攻击行为，这时家长可以采用其他的行为矫正方法，比如，惩罚、隔离等，坚决不能妥协，否则会加重问题行为。若纠正后问题行为重现，可再进行几次消退训练，直至全部消失。

行为消退法是根据斯金纳的操作条件反射研究结果而设计的一项行为矫正技术，是操作条件作用法强化原则的有力应用之一。习惯行为，作为孩子生活方式或风格的一个组成部分，是在长期的生活中逐渐形成的，因此，不良的习惯行为是不易一下子消除的，新的健康的行为方式也不可能在一夜之间便形成，更不可能一经出现便巩固下来成为孩子生活风格的一部分。只有坚持不懈、持之以恒，才能使孩子行为消退接近最终的目标。

循序渐进才有效

——如何正确应用循序渐进法

循序渐进的含义是指在家庭教育中根据孩子身心实际发展水平,遵循由易到难逐步提高的顺序进行。维果斯基的“最近发展区理论”认为,孩子的发展有两种水平:一种是孩子的现有水平,指独立活动时所能达到的解决问题的水平;另一种是孩子可能的发展水平,也就是通过外界帮助所获得的潜力。两者之间的差异就是最近发展区。家长要认真观察、研究和分析孩子的思想、行为和心理的现状,着眼于孩子的最近发展区,确定孩子发展的内容和重点,逐渐投入力量,使之产生动力,超越最近发展区而达到下一发展阶段的水平,然后在此基础上进行下一个发展区的发展。

珍珍,女,9岁,小学三年级学生。珍珍爸爸妈妈都是普通工人,家里住房很紧张,珍珍每天晚上只能和爸爸妈妈挤在一张床上睡觉。今年珍珍家终于买了一套新房,居住面积大了,珍珍按道理应该独自睡觉。可是珍珍无论如何不愿意,爸爸妈妈决定采用“循序渐进”的方法让孩子慢慢习惯。妈妈首先征求珍珍的意见,问她愿不愿意独自睡一张床。她马上摇摇头,看起来很委屈。妈妈立刻拍拍她的头说:“乖女儿,你别怕,你还是和爸爸妈妈睡在一间房子里呀,而且,你将拥有一张漂亮的小床。”于是爸爸妈妈带珍珍逛商场,珍珍看中了一张天蓝色的床,以及同色的卡通被子,爸爸妈妈连连赞她有眼光,她得意极了。这样过了十来天,珍珍也渐渐习惯了独自睡一张床,爸爸妈妈又开始想着将小床搬到她自己的房间去。珍珍却始终不愿意,直嚷着“害怕”。妈妈只好说:“妈妈来陪你睡。”

小床移到了珍珍的房间,妈妈也和女儿挤在了一起。过了好些天,珍珍说:“妈妈,我感觉现在没以前那么害怕了。”妈妈连忙提出让她一个人睡。她却又苦着脸说:“可是我一个人,还是会怕的呀。”妈妈连忙安慰她,“不怕的,晚上妈妈陪着你,直到你睡着。”妈妈晚上在珍珍房间陪着,直到珍珍睡着才离开。半个月后,妈妈借故要去照顾患病的外公,不再陪伴孩子,让珍珍独自睡觉了。事实证明,珍珍到现在睡得都很好。

循序渐进法适应了孩子身心发展的顺序性和阶段性, 既不超越,也不滞后,使家庭教育与孩子身心发展的成熟状况相适应,提高了家庭教育的针对性和有效性,能够达到理想的效果。那么,应该如何正确应用循序渐进法呢?

1. 从虚到实

对于孩子的思想发展,可以先务虚后务实。家长暂不触及实际问题,先讲一些能够启发孩子发现问题、思考问题的道理,再逐步向实际问题过渡。比如,孩子有点自私自利,家长可以先讲分享的好处,然后要求孩子与同伴分享食物与玩具,再引导孩子向灾区募捐。这样做,有利于启发孩子自觉,使孩子不感到突然,便于接受,利于进步。

2. 由浅入深

孩子由于年龄小,对生活的了解和道理的认识都是朦胧的,行为自觉性和自控力差,家长培养孩子的良好行为习惯就要由浅入深,逐步提高他们的认知水平,逐步加强行为训练,促进他们的知行统一,为孩子以后走向社会奠定基础。比如,孩子就餐先从不挑食做起,再逐步做到光盘,然后要求安静用餐,培养孩子良好的就餐习惯。

3. 由点到面

要整体提高孩子的思想和行为水平,就要先从点上突破。通过特定的点,合理运用分散的意象,连成一个整体,实现教育效果的最大化。比如,培养孩子财商,可以从孩子购买、储蓄、投资等一个个点抓起，逐一加以解决，这样做既能提高孩子理财能力，做起来还比较轻松愉快。

4. 由表及里

家长要指导孩子通过表面问题看本质，教孩子留心生活，勤于思考。只有留心生活，并对生活中的种种现象进行深入的思考，才能透过生活的表象发现其实质，从而做到“见人所未见，发人所未发”。比如，面对日渐严重的雾霾，家长可以引导孩子明白多步行少开车的意义，加深孩子对保护环境的认识。

5. 由此及彼

由此及彼是指由这一现象联系到那一现象，也就是分析事物不能孤立地看一种现象，而应把复杂事物联系起来进行全面考察，层层深入。比如，最近发现孩子有说粗话脏话的行为，家长可以在家里开展“讲文明话，做文明人”的活动，由此及彼，帮助孩子根除说粗话脏话的坏毛病，提高孩子的文明素质。

教育家卢梭曾说过：“大自然希望儿童在成人以前，就要像儿童的样子。”在孩子尚未成熟之前，家长要耐心地等待，不能违背孩子发展的自然规律，不能违背孩子发展的内在“时间表”，人为地通过训练加速孩子的发展，那样，只会适得其反，拔苗助长的故事就会重演。遵循孩子生长发育规律，由虚到实，由浅到深，由点到面，由表到里，由此及彼，孩子才能幸福地成长。成功从来都无法一蹴而就，只有循序渐进，让孩子每天的忙碌都发挥功效，才能距离目标越来越近。

家庭契约设界限

——如何正确应用契约管理法

家庭契约法是指家庭成员之间一个共同遵守的约定，一般是家庭成员就家庭事务进行公开讨论达成一致的意见，并且同意遵守的一个规定。家庭契约是家庭成员共同信守的行为规范，它对于维护家庭秩序、促进家庭和谐有着不可低估的作用。

刚刚，男，13岁，初一年级学生。刚刚从小与爷爷奶奶一起在农村长大，爷爷奶奶对这个宝贝孙子非常宠爱，有什么好吃的总省下给刚刚吃，有什么好玩的总带着刚刚一起玩，有什么新款衣服总要买给刚刚穿，刚刚从小就过着"饭来张口，衣来伸手"的生活。刚刚升初中时，爸爸妈妈把他接到城里，为他选择了一所名牌初中。刚刚进城后，离开爷爷奶奶的宠爱，生活很不适应。每天起床后，被子也不叠，床铺也不理，早饭也不吃，背起书包就去上学；放学回到家以后，吃过晚饭，碗筷也不洗，手上的油腻在身上一擦就做起了作业；临睡觉前脚也不洗，牙也不刷，就钻到了被窝里，爸爸妈妈拉他下床洗漱，刚刚就假装在床上睡着了；双休日在家也不做一点家务，自己的鞋子和袜子也不洗。爸爸妈妈看到刚刚不讲卫生，心里非常着急，既担心刚刚懒惰习惯难以改正，又害怕刚刚不讲卫生影响身体健康。上周刚刚爸爸去学校参加家长会，听班主任老师讲家庭契约可以养成孩子良好的生活和学习习惯，心里也想试试，但不知道这个家庭契约该如何操作。

家庭契约具有约定性、稳定性、监督性和一致性等特点，约定性是家庭契约的突出特点之一，对家庭成员都有约束力；稳定性是指契约所涉及的内容一般都具有长期的稳定性，不会在短时间之内就因为时过境迁而成为废文；家庭契约是家庭成员互相监督的依据，每个家庭成员都有以契约为准则监督别人的义务，一旦发现有违背契约的行为，大家都有权进行批评和谴责；一致性是指家庭契约是在协商的基础上拟定的，应得到每个家庭成员的认同。一个好的家庭契约可以营造和谐、文明、向上的家庭氛围，打造家庭共同的价值取向，引领孩子健康成长。那么，应该如何正确应用契约管理法呢?

1. 依据家庭实际

家庭契约一定要基于家庭实际，旨在解决家庭中的具体问题。因此，家长要与孩子一起认真分析家庭的优势、不足、机会和挑战，明确家庭成员中最迫切需要解决的问题，最后据此形成相应的契约和对策。

2. 充分讲究民主

制定家庭契约时，每个家庭成员都要充分思考制定家庭契约的意义，都有机会发表意见和参与决策，采用“制定—修改—讨论—再修改—表决—签字通过—实施”的形式形成家庭契约，相互监督契约的实施。

3. 简单明了易用

家庭契约的内容要简洁明了，以解决家庭存在的重点问题为主，不能“眉毛胡子一把抓”。契约正文主要由引言、主体和结尾组成，引言主要用来写明制定契约的目的和意义。主体主要以条文式写法，将具体内容一一列出，做到系统完整，层次清楚，言简意明，朴实通畅，比如，根据作息时间表合理安排时间，电视的使用时间在一个小时以内，每次用电脑的时间也不得超过 40 分钟，电脑与电视不得兼顾。结尾主要用来写执行要求、生效日期等，最后签上姓名和日期。条款少且有可操作性的家庭契约，才便于理解与实施。

4. 根据变化调整

家庭是动态变化的，在不同阶段有不同的特点，具有不同的问题。所以，家庭契约要进行相应的动态调整，至少半年修改一次，每个家庭成员都可以提出修改意见，通过民主协商形成修改文稿，通过修改进一步促进家庭成员理解和认同家庭契约。

5. 重视贯彻落实

每隔一段时间就要召开家庭会议，比如，在周末时，开一次家庭会议，由××来朗读家庭规则，对家庭契约的落实情况进行评价，表扬取得的进步，查找存在的问题，寻求努力的方向，通过批评与自我批评来强化实施与监控家庭契约落实情况。

家庭契约不应是家长对孩子行使特权的借口，而是家庭成员相互遵守的规则，既要有权利部分，又要有义务部分，还要落实到纸上，做到有法可依，有章可循，可以对照做得是否到位，还有哪些需要改善的地方。这样的家庭契约才能体现公平性，才有信服力，才能形成和谐的家庭关系。家长与孩子在一起的过程，就是播种后耐心等待成长等待花开等待结果的过程，制定和实施家庭契约就是这样一个过程。这个过程急不得，急了就会拔苗助长或包揽包办，影响孩子的未来。

信人不如信道理
——如何正确应用说服教育法

说服教育法就是通过摆事实、讲道理，提高孩子认识，影响孩子思想的方法。所有的孩子都有自尊，都希望自己的做法能被家长接受，自己的想法能被家长采纳。因此，家长要尊重孩子，少用生硬的语气，多用商量的口吻，心平气和地通过谈心、讲解等方式，来说服孩子。

海海，男，11岁，小学三年级学生。海海特别爱玩电脑，经常要玩到深夜，第二天上课常打瞌睡。爸爸妈妈道理也和海海讲过，协议也和海海签过，骂也骂过，可是海海依然我行我素，爸爸妈妈都快拿他没办法了。上周五，在部队服役的舅舅回家探亲，听到姐姐的抱怨，就提出要跟海海聊聊。一见到海海，舅舅就和气地说："现代生活离不开电脑，你现在电脑能玩到什么程度？"海海看到舅舅和颜悦色，就兴奋地回答："舅舅，我全班第一。"舅舅继续说："玩第一也不容易啊，傻孩子玩不了第一。要不咱俩赛赛？"海海一看舅舅要比赛，马上答应了。但舅舅想了想又继续说："我不跟你赛，你水平太低了。""我这玩第一的水平还低？""别看你玩第一，这游戏的事多着呢，你都知道吗？"海海以为自己对电脑无所不知，就说："你问不倒我。"看到海海一副胸有成竹的样子，舅舅就问："第一，电脑是怎么发明的？这个人是怎么成才的？第二，电脑哪个厂家最好？每年的出口量是多少？第三，电脑的原理是什么？"海海被舅舅问得一愣一愣的。"你看一问三不知了吧。我要是你那么喜欢电脑，我就发明电脑，战胜国外的。让全世界的孩子都玩我发明的电脑。"海海问:“那怎么才能发明电脑呢?”“要发明电脑首先要把基础的数学语文学好,基础都没打好,原理都不知道,将来你怎么战胜国外的?”“这也有关系?”“那当然了,干什么都与学习有关系。”海海若有所悟。

说服教育是家庭教育常用方法之一。正确应用说服教育,可以有效密切亲子关系,融洽家庭氛围,提高孩子的思想认识和实践能力。那么,应该如何正确应用说服教育法呢?

1. 要精心准备 切忌胡扯乱语

家长在运用说服教育法前,要精心准备谈话内容,认真设计谈话步骤,主要要先考虑好这么几点,今天谈什么问题?达到什么目的?选取什么事例?怎么进行表达?力争做到语言丰富,趣味生动,针对性强,逻辑性强,能打动孩子。

2. 要以理服人 切忌讽刺挖苦

家长说服孩子时,要注意以理服人,切忌讽刺挖苦。有些家长不注意自身心理调节,情绪激动时什么话都说得出来,比如,“死榆木疙瘩”“纯粹是个吃货,只知道吃”“你只能去扫垃圾”等,这些话有损孩子的人格,容易导致孩子逆反或对抗。家长情绪激动时,要学会冷处理,等心情平静了再找孩子谈话。

3. 要简练深刻 切忌唠唠叨叨

心理学研究表明:当载有新信息的语言第一次讲出时,对大脑刺激最大、印象最深,但同一内容反复次数太多,就会使大脑皮层产生某种抑制,自动关闭接受系统。因此,家长运用说服教育时语言要简练深刻,切忌张嘴就来,翻来覆去总是那么几句话,唠唠叨叨,没完没了,成为一种“精神噪音”。

4. 要富有情感 切忌空话大话

说服教育要以情感人。家长要善于激发孩子内在的积极情感,从爱护和关心孩子的角度出发,亲子之间坦诚相见,推心置腹,在情理交融中使孩子接受家长的观点,自觉按照教育要求去做。同时在语言上要做到生动活泼,富有感染力,防止枯燥、乏味、单调、唠叨，内容要尽量做到具有知识性、趣味性和形象性，使孩子喜闻乐见，引起情感上的共鸣，获得精神享受，乐于去实践。

5. 要真实有效 切忌脱离实际

家长要从孩子的思想实际出发，按照孩子的年龄特点和知识水平，有的放矢地进行说服教育，既不“放空炮”“唱高调”，也不隔靴搔痒，说不到要害上。如果家长阐述的道理不符合客观真理，所举的事例不符合实际，对事物的真相掩盖和歪曲，孩子就不能形成正确的思想观念，说服教育就起不到应有的效果。

家庭教育的方法很多，其中说服教育法是诸方法中很重要的一种方法。对孩子进行说服教育时，不仅要晓之以理，而且应动之以情，更要导之以行，对孩子的说服要有针对性，要生动有趣，要符合实际，要抓准时机，要有耐心，由浅入深，由表及里，说服教育与提出行动要求相结合。只有这样，说服教育才能起到更好的作用。

柔情也能化顽石

——如何正确应用情感熏陶法

情感陶冶法是家长利用对孩子的爱和其他教育因素，对孩子进行潜移默化的影响，使其心灵受到感化的方法。德育研究告诉我们，孩子对道德信息的接受以情绪活动为初始线索，道德价值的学习以情感—体验为重要学习方式，情感使孩子的道德认识处于动力状态，可以引发或调节孩子的道德行为，在一定程度上保证了孩子道德认识和道德行为的统一。

庆庆，男，11岁，小学三年级学生。庆庆是一位长相帅气、顽皮捣蛋的孩子。前天，庆庆和爸爸妈妈一起收听韩红演唱的专辑歌曲，当听完歌曲《天亮了》后，爸爸给庆庆讲起了这首歌的背景故事："1999年10月3日，在贵州麻岭风景区，正在运行的缆车突然坠毁，36名乘客中有14位不幸遇难。就在悲剧发生时，一对年轻的夫妇，用双手托起了自己两岁半的儿子，结果儿子得救了，这对夫妇却失去了生命。在生和死的瞬间，父母想到的并不是自己，而是孩子，这就是父母之爱。这个生命的故事，深深打动了韩红，经多方联系，她领养了这个大难不死的小孩。刚才我们听到的歌曲《天亮了》，正是韩红自己创作自己演唱的，写的就是这个催人泪下的故事。"妈妈接过爸爸的话继续说："是啊，世界上最纯真、最无私的爱莫过于父母对子女的爱，孩子从生下来就在爸爸妈妈的精心抚育下成长，一路上爸爸妈妈不知付出了多少心血和汗水啊。"听完爸爸妈妈的话，庆庆眼睛里含满了泪水。昨天早上，妈妈突然发现孩子床头柜上多了一张纸条，打开一看，上面写着："爸爸：记得我7岁时得了脑炎，是您不顾黑夜、不顾夏天的酷暑，把我抱到医院，使我及时得到了治疗，我感谢您！妈妈：您每天在我上学前，总是把早点做好放在桌上。妈妈，您辛苦了！我一定要好好学习，用实际行动报答你们对我的养育之恩！”

家长合理运用情感陶冶法，可以充分挖掘孩子接受教育的最大可能性和效应性，让孩子在耳濡目染中提高道德认识，升华道德意志，促进道德行为。那么，应该如何应用情感熏陶法呢？

1. 以身育情

家长以强烈的家庭责任感为孩子树立榜样时，孩子就会受到触动，进而效仿家长的行为，这就是“学高为师，身正为范”的道理。比如，家长如果发现地上有纸屑，能立刻捡起来，把它放入垃圾箱，孩子就会养成了不乱扔果皮纸屑的好习惯；家长孝敬父母，邻里和睦，孩子就会敬老爱幼；家长热心为受灾群众募捐，济贫帮困，孩子就会有爱心等等。

2. 以境启情

情感具有情境性。“触景生情”“睹物思人”“每逢佳节倍思亲”等都说明了情感是在一定的情境中产生的。家长要设计和利用好相应情景，使孩子如临其境、如见其人、如闻其声，受到情绪的感染，引起感情的共鸣，以情入理，情理交融，加深对道德观念的理解。比如，家长和孩子一起观看《南京大屠杀》《1942》等影片后，要有意识激发孩子的爱国热情，教育孩子要珍惜今天的幸福生活，刻苦学习科学文化知识，立足报效祖国。

3. 故事传情

小学孩子好奇心强，特别爱听故事，让孩子从故事提供的情境中明白道理是家长对孩子进行教育的有效手段。家长要以生动形象的语言，热烈真挚的感情，绘声绘色地描述，把孩子带入故事的情感世界里，然后由故事的情感世界里过渡到实际生活中，帮助孩子喻事明理。

4. 以言煽情

家长可以通过抑扬顿挫、声情并茂的语言，借助于身姿体态，通过朗诵、歌咏等形式，比如，朗诵《沁园春·雪》等，使孩子在语言的激励作用下，产生强烈的情感共鸣，受到良好的情智教育，开阔孩子的心胸，激起孩子的抱负。

5. 明理激情

"知之深，爱之切"，只有当孩子的道德体验不断概括、不断深化时，孩子的道德情感才能从感性向理性的高度升华，并实现行为的飞跃。家长要根据孩子的年龄特点、生活阅历、知识基础、理解和接受能力，通过通俗易懂的实例，深入浅出地向孩子讲清一些道德要领和道德规范，提高孩子道德行为的自觉性。比如，家长和孩子一起观看《伟大的母亲》视频后，要教育孩子生活不可能一帆风顺，困难和失败是不可避免的，如果能从失败中吸取教训，受到启发，失败就能转化成前进的动力，就能到达成功的彼岸。

我国著名教育家夏丏尊先生说过："教育不能没有情感，没有爱，就如同池塘不能没有水一样。没有水，就不能成为池塘；没有情感就没有教育。"一棵小树苗要想长成参天大树，需要园丁的精心修理。孩子的情感培养也同小树一样，需要家长如春风化雨点滴滋润。当然，家长在情感陶冶的基础上，也要严格要求孩子，绝不迁就孩子。只有当家长把对孩子的爱和对孩子的严格要求统一起来的时候，才会真正发挥爱的作用。

沟通交流篇

沟通前提是尊重
——如何尊重孩子

尊重是指家长无条件承认并接受孩子所拥有的一切，不因自己的好恶而挑剔、指责和论断孩子。尊重是一种高尚的美德，是内在修养的外在表现，是一种文明的社交方式，是建立良好的亲子关系的基石。只有相互尊重，家庭生活才会多一分和谐，多一分快乐。

洋洋，男，11岁，小学四年级学生。洋洋一年级时活泼好动，学习成绩一般，每次考试只能考七八十分。为此洋洋经常受到爸爸的打骂，常被罚抄作业，亲子关系很紧张。为了提高洋洋的学习成绩，发展他的特长，妈妈从洋洋二年级开始放弃了双休日或者节假日的休息时间，陪着洋洋参加各种各样的兴趣班、特长班、加强班等，把洋洋的时间安排得满满的，一天下来洋洋几乎没有自由的时间，有时这个班的课一结束，马上再赶去另一个。在爸爸妈妈的竭力培养下，洋洋的学习成绩有了提高，特长也得到了发展。暑假里，洋洋在爸爸妈妈的安排下，去省城参加了《儿童风采秀》的节目比赛，洋洋的歌声和钢琴都非常优美，表演出色，赢得了现场观众一阵又一阵的掌声和评委们的好评，最终获得了二等奖。颁奖时，节目主持人问洋洋："洋洋，你现在最想说的是什么？以后最想做的是什么？"，谁知洋洋却"哇"的一声哭了，哭得很伤心，很委屈，脸上的妆都哭花了。洋洋的哭声令现场的观众和评委们都惊讶了，当主持人问其哭的原因时，洋洋哽咽着说："我最想说的是以后不要来参加比赛，以后最想做的是在家里和小伙伴一起玩。"洋洋的一席话令现场的观众和评委们都沉默了，爸爸妈妈也一脸的尴尬。

由于受传统思想的影响，不少家长把孩子看作自己的附属品，不尊重孩子，喜欢把自己的期望和意愿强加给孩子，导致亲子之间无法和睦相处，家庭战争时有发生，家长烦恼，孩子痛苦。那么，应该如何尊重孩子呢？

1. 多了解 少误解

每个孩子都有不同的个性与心理特征，有的开朗活泼，有的刁钻古怪，有的粗犷顽皮，有的沉默乖巧……作为家长，不仅要知道孩子每天的喜怒哀乐，而且要了解孩子的爱好特长……通过细致的了解，家长就能从孩子身上发现很多闪光点和不足之处，对孩子的这些优缺点加以分析，才能少一分误解，多一分理解，家庭教育才能取得实效，促进孩子的品质发展。

2. 多商量 少命令

孩子虽小，也有自己的思想，家长应尊重孩子的想法，平时沟通时要多征求孩子的意见，少用命令的口气。比如，提醒孩子该做作业了，可以这样说："到时间了，你是不是该做作业了？"而不要直来直去地说："别看电视了，快去做作业。"再比如，请孩子做一件事情，可以这样说："你能帮我把那件衣服拿来一下吗？"而不要说："把那件衣服给我拿来。"如果孩子帮助做了，家长要说一声"谢谢"。这样，孩子才会感觉家长很尊重他，心情才会愉悦，而且也愿意听家长的话。

3. 多信任 少指责

家长要营造充满关爱、信任、平等的环境，时刻细致地关注着孩子的表现。当孩子在活动中遇到困难时，不要急于干涉，更不以自己的智慧代替孩子的智慧，而是投去信任的目光，引导孩子自己想办法解决，并当孩子们建构成功时，为孩子鼓劲喝彩。

4. 多引导 少训斥

家长要尊重孩子的人格,委婉地指出孩子的缺点。比如,孩子的作业字迹太潦草,这时家长不能在作业上指指点点,“你看你,这写得像什么字呀?乱七八糟的!”而要委婉地说:“你做作业的速度挺快的,真不错。不过,要是能再把字写得工整一点就更好了!我相信你只要认真写,一定能行!”家长越是尊重孩子,孩子就会越自尊,越是自尊,就越会注意修正自己的言行,以更加赢得别人的尊重。因此,委婉地指出孩子的缺点比赤裸裸的训斥效果好得多。

5. 多沟通 少窥探

家长应多抽时间和孩子聊聊天,问一问孩子最近的学习情况、人际关系情况和对一些事物的看法等。如果孩子说出一些负面的想法,家长千万不可指责他,而应站在孩子的立场先去理解他,然后告诉孩子该怎么办。对于孩子遇到的一些困惑,家长要耐心地给予指导,答疑解惑,而不是随便翻看孩子的书包和抽屉,偷看孩子的试卷和日记。这样,孩子才能感受到家长对自己的尊重和信任,也才会越来越信任家长,把家长当成倾诉对象,而不是保密对象。

6. 多接纳 少拒绝

人本主义心理学家罗杰斯指出,要建立良好的人际关系,就要无条件地接纳对方的情绪。一个经常被否定情绪的孩子,是很难建立真正自信的。家长要接纳孩子情绪,就要放下自己的价值判断,走近孩子的内心,愿意去倾听去了解,理解孩子的感受,这是尊重孩子一个很重要的方面。

孩子从来到人世间的那一刻起,就是一个有独立个性的人,每个孩子都有各自不同的特质,常言说“术有专攻,人有愚贤,各具禀赋”,而不是家长手中的“木偶”。“送花的人周围满是鲜花,种刺的人身边都是荆棘”。每个孩子的内心都渴望得到家长的尊重,如果家长能低下高高在上的头颅,与孩子保持视线和心灵的同一高度,既不把孩子神化,也不把孩子矮化,更不讥讽孩子,那么,尊重就能成为一个现实。

沟通基础是倾听

——如何倾听孩子声音

倾听是在尊重和接纳孩子的前提下，通过听觉或文字来接受言语信息，以求思想达成一致和感情的通畅。家长倾听时不仅要听孩子说话的表面意思，也要听孩子说话内部蕴含的意思；不仅要听孩子说话的意思，也要听孩子说话时的语气、语速、语调；不仅要听孩子说话时的语气、语速、语调，更要观察孩子说话时的表情、动作等肢体语言。

乐乐，男，8岁，小学二年级学生。上周三晚上，乐乐对妈妈说："妈妈，明天我不去上学了。"妈妈还没等乐乐讲完，忙打断孩子："你怎么这么懒！真是身在福中不知福！"乐乐听了一脸不高兴，噘着嘴对妈妈说："明天和周六对调，全体老师要出去学习。"乐乐妈妈直后悔自己太急躁了，没耐心听完孩子的讲话。前天下午乐乐放学回到家，气势汹汹地把书包往地上一扔，就地而坐，一动也不动，突然大声地说："妈妈我好烦啊！"妈妈听到以后，轻轻地说了一句："小小年纪有什么好烦的，妈妈现在没空哦，要煮饭了，你快去做作业吧，一会儿就可以吃饭了"，只见乐乐耷拉着脸，躲到房间里去了，乐乐妈妈因为要煮饭也就没怎么去理他。晚饭后，乐乐坐在沙发上闷闷不乐，手里拿着一个小玩具转来转去，过了一会儿对妈妈说："妈妈，我今天跟同学打架了！"乐乐妈妈一听乐乐打架了，马上就说："我跟你说过多少次了，不准跟别人打架，你怎么就是不听话呢？"结果乐乐"哇"的一声哭了起来，哭得还很伤心。后来乐乐妈妈才知道，原来是另一个孩子无故先动手的，刚好被老师看见了，老师及时制止了。昨天晚上 7 点，正是乐乐做作业的时间，乐乐来到妈妈身边，想要告诉妈妈这次学校笛子比赛他得了一等奖，谁知妈妈还没等乐乐开口，大声说："现在是干什么的时候，你怎么能分心呢，快去做作业。"这时乐乐非常生气，也大声地对着妈妈说："你怎么这样的，好，以后我什么话都不告诉你！"过后乐乐妈妈觉得自己当时太冲动，没有认真倾听孩子的声音，错怪了孩子，后悔不已。

家长认真倾听孩子的声音，不仅可以及时了解孩子的心理变化，减少不必要的误会，而且可以提高孩子的独立性，在倾听的过程中，会听到孩子前所未有的想法和一些有建设性的建议。那么，应该如何倾听孩子的声音呢？

1. 静心倾听

不少家长在听孩子讲话时，有时会觉得孩子的语句、用词不够成熟，喜欢抢过孩子的话头来说，这样做无疑是剥夺了孩子说话的机会，同时也会让孩子对以后的表达失去信心。因此，在孩子想说话的时候，即使文不对题、词不达意，家长也应静下心来，让孩子用自己的语言把意思表达出来，而不能抢做孩子的代言人。当孩子为自己所做的事与家长争辩时，家长要镇静，要给孩子充分的辩解机会，千万不能斥责孩子顶嘴。

2. 专心倾听

每个孩子都有被尊重的心理需要，都希望自己的讲话能受到家长重视。因此，家长在倾听时需精力集中、态度端正、全神贯注，尽量注视着孩子的眼睛，不要做看手表、抠耳朵、打哈欠等影响孩子情绪的动作，否则会让孩子觉得家长心不在焉。

3. 爱心倾听

家长倾听孩子的心声不是单向的沟通，而是一种双向的互动。因此，在倾听的过程中家长应当带着深深的爱走近孩子的内心，运用同理心，把孩子的情绪映射出来，帮助孩子化解烦恼，消除困惑。唯有深深的爱，才能把孩子的心焐暖，把孩子的心门打开。

4. 耐心倾听

家长要善于控制自己的情绪，放下身段耐心地倾听孩子诉说，不要因孩子话语过长而感到厌烦。特别是孩子发表见解或有火气的时候，更要耐心倾听，帮助孩子排忧解难，给孩子提供表达情感的机会，为问题的解决做好铺垫，而不是居高临下地斥责孩子。

5. 用心倾听

家长要做个有修养的听众，用心聆听孩子的心声。家长倾听孩子说话时要注意正确的坐姿，既不要和孩子面对面坐，面对面坐容易给孩子施加心理压力，也不要并排坐，并排坐看不到孩子的肢体语言，最好家长和孩子坐成九十度角左右，并不时点点头、微笑，用“嗯”“噢”“对”“这是什么时候的事？”“后来呢？”“再说一遍，好吗？”等语言帮助孩子把想说的话表达清楚。对于孩子的困惑，家长要根据自己的阅历，给予合理的建议。家长在倾听中，还要学会透过现象看本质，通过孩子的身体语言、情态，弄清话中之话，把握孩子的真实意图，从而有的放矢地做好导向工作，促进问题的顺利解决，解开孩子的心结。

俄国教育家乌申斯基说过：“如果教育者希望从一切方面去教育人，就必须从一切方面去了解人”。从这个意义上说，真正的教育是从心与心的对话开始的。倾听，是亲子心灵对话的起点，是打开孩子心门的钥匙，是亲子沟通的润滑剂，更是一名合格家长应具备的基本素养。家长坐下来倾听孩子的心声，是对孩子最好的关注和支持。如果孩子长期被倾听，遇到事情孩子就会独立思考，提出解决问题的方法，成为独立自主有责任感的人，长久以往一定会有意想不到的收获。

沟通核心是共情

——如何共情孩子感受

共情是指能设身处地地体验他人处境,从而达到感受和理解他人情感的能力。共情的过程一般分为三个步骤:第一,共情的感觉,即设身处地地感受孩子的情绪和情感,理解他的需要和要求,能深入孩子的内心去体验他的思维;第二,共情的理解,理解孩子的体验与他的经历之间的联系,明白孩子的意图;第三,表达共情,以恰当的方式表达对孩子情绪与意图的感受、理解和尊重,引导孩子对其感受做进一步的思考。

瑶瑶,女,12岁,小学五年级学生。上周三,瑶瑶从学校回来后情绪有些低落。妈妈看见后,问瑶瑶:“你看起来有些不高兴呀。”瑶瑶回答:“数学老师今天表扬了天逸。”“哦,老师没有表扬你,你有些失落啊!”“我不喜欢数学老师。”“你肯定做出了努力,希望得到老师的表扬,结果却没有。”“是啊,我就是晚了一点举手。下一次,我一定快点举手,回答问题。”瑶瑶说完,心情也开朗起来。上周五晚上,瑶瑶摇着头无精打采地对着妈妈说:“唉!周末了,感觉好累啊。”“怎么了,周末了还不开心。”妈妈道。“唉!周末又要泡汤了,语文老师布置要练习两个小时书法,准备考试;数学老师布置要完成10道应用题,又要一个多小时;综合实践活动老师要我们花半天时间去查资料,写一遍保护水资源的小论文,音乐老师还要我到学校去排节目,准备参加文艺会演。”“是吗,那你这个周末肯定很忙了。”“我从周一到现在,每天都要熬到十点才能够去睡觉,不然事情做不完。”“嗯，真晚，熬夜对身体不好的，可怜的孩子啊！”“是啊！最近事情太多了，各门功课的比赛都挤一块儿了。”“那你这么忙，肯定要合理安排作息了，不然身体会吃不消的，说不定后面事情还好多呢。”“嗯，不过我就是这一周忙，忙完这些就好了，我后面两周基本上没其他比赛了，太舒服了。”瑶瑶脸上开始了笑容。“呵呵，那你后面舒服多了，先苦后甜，加油。”瑶瑶妈妈没想到共情的作用竟然这么大。

家长共情孩子的感受，不仅能让孩子感到自己被理解和悦纳，感到愉快和满足，也促进了孩子的自我表达和自我探索。家长如果缺乏共情，孩子就会感到失望和受到伤害，减少甚至停止自我表达，影响自我探索，产生失落或对抗情绪。那么，应该如何正确应用共情这一沟通技巧呢？

1. 进入孩子的世界

共情是一颗心对另一颗心的感应。共情时，家长要了解孩子的认知特点、性格特征和兴趣爱好等，设身处地站在孩子的立场，从孩子的角度为其行为寻找合理性，最大限度地理解孩子，做到换位思考。

2. 接受孩子的感受

家长首先要用共情语言描述孩子的情绪，设身处地地从孩子的角度去分享他的看法与感受。比如，“你看来有点难过。告诉我发生了什么事？”“我看到你有点怒气。什么事使你生气呀？”当家长站在孩子的角度去了解情况时，就会接受孩子的感受，就容易产生共情。

3. 处理孩子的情绪

家长要帮助孩子说出自身感受，让孩子有充分的空间和时间去表达和处理负面情绪。当孩子表达足够的情绪后，家长会发现孩子的面部表情、身体语言、说话速度、音调、音量及语气等都会有明显舒缓的迹象。

4. 认识孩子的行为

受挫的孩子往往会以不适当的方式表达负面情绪，比如打人、摔破玩具或者辱骂别人等，家长在了解孩子这些不良行为背后的原因并且帮他描述感觉后，可以使孩子明白这些行为是不适当的，而且是不被容忍的。同时引导孩子清楚行为的规范，学会控制自己的言行举止，减少问题行为。

5. 解决孩子的问题

家长帮助孩子处理情绪后，与孩子讨论解决问题的方法非常重要。通过鼓励孩子解决问题，可以建立正确的早期经验，孩子会领悟到："现在我知道自己感觉糟透的原因了，而且我知道引起这些不舒服感觉的问题在哪里，我应该怎样去处理这些问题呢？"孩子将来遇到类似情况时，会有更好的应对方法。

共情就是从孩子的角度去知觉、思维和体验，真诚表达对孩子内心体验的理解。当孩子跟家长抱怨或者诉说情绪时，家长要善于与孩子产生共情，舒缓孩子的负面情绪，帮助孩子自己解决问题。共情是一粒和谐的种子，是情感交流的润滑剂，是亲子沟通的桥梁，是亲子之间意图、观点和情感联结的纽带，有助于营造良好的家庭氛围，提高教育的效果，促进孩子身心的发展。当家长穿越语言的迷雾，精准共情时，就会发现横亘在亲子之间的河流不见了。

自我开放催共鸣

——如何做到自我开放

自我开放就是在交往中明白表露自己的经历、感情、思想和观念等。心理学家伊根博士认为，自我开放一般具有两个功能：一是模仿功能，一是挑战功能。前者的意义在于家长通过与孩子分享个人成长中的奋斗与成功经历来激励孩子积极地面对人生中的挑战，更好地成长；后者的意义在于推动孩子具体地探讨生活中所遇到的困惑与挫折，切实地寻求自救良方并挖掘个人的潜力。

彤彤，女，8 岁，小学一年级学生。彤彤是一个淘气的孩子，胖乎乎的脸上，长着一对调皮的大眼睛，眼帘忽闪忽闪的，两颗大眼珠像黑宝石似的镶在眼窝里，不论是那鼓鼓的腮帮，还是那薄薄的嘴唇，或者那微微翘起的小鼻尖，都让人感到滑稽可爱。彤彤妈妈最近生了二胎，彤彤看到爸爸妈妈几乎把所有精力都放在哺育弟弟身上，心里非常郁闷，前天晚上全家刚吃完晚饭，弟弟突然大便了，爸爸妈妈忙着去给弟弟换尿布、洗屁股，把彤彤晾在了一边，彤彤心里感到非常郁闷，就一个人躲到书房里去了。爸爸妈妈给弟弟换完尿布以后，到书房去看彤彤的时候，发现彤彤一个人在书房里流泪。妈妈搂过彤彤肩膀，彤彤一边抽泣着一边对妈妈说："妈妈，你们为什么要生弟弟啊？"看到彤彤伤心的样子，妈妈语重心长地对她说："彤彤，爸爸妈妈生弟弟，是让你有个伴啊。妈妈是独生子女，小时候没有兄弟姐妹一起玩，童年时感到很孤单，长大了遇到事情也没有兄弟姐妹商量，现在外公外婆老了全要靠爸爸妈妈照顾，妈妈感到压力好大啊！有一次，外公生病住院，爸爸妈妈白天要上班，晚上还要轮流照料外公,几天下来爸爸妈妈都坚持不住了,身体瘦了一大圈。”彤彤妈妈停了一会儿继续说:“隔壁小瑾家妈妈有个弟弟,小时候姐弟俩可以一起玩,遇到事情可以一起商量,现在可以一起照顾老人,真的好羡慕他们。”彤彤听完妈妈的话,仰起头来说:“妈妈,原来有兄弟姐妹还有这么多好处,那我以后也要帮着带弟弟。”彤彤妈妈想不到自我开放的作用竟然这么大。

亲子之间自我开放的效果与个人特质、开放的内容、双方的关系和开放的情境等因素有关。亲子交往中做到恰当的自我开放,可以缩短家长与孩子在情感上的距离,增强亲子的情合,家庭中的猜忌、怀疑、误解以至冲突就会大为减少。那么,应该如何应用自我开放呢?

1. 自我开放的作用必须促进

家长的自我开放不是目的而是手段，应始终把重点放在孩子身上,要借自我开放来表明自己理解并愿意分担孩子的情绪,促进孩子更多地自我开放。

2. 自我开放的内容必须真实

苏格拉底曾指出:“教育的过程是一个不断展开对话的过程,教育者首先是一个对话者。”家长向孩子敞开心扉,真实地告诉孩子自己的经历、思想、感受和观点,讲述曾经亲身付出的努力和经历的挣扎,孩子会受到熏陶、感染和影响,就会从家长的亲身经历中体会到良苦用心。

3. 自我开放的感情必须自然

家长自我开放时的感情必须是自然的、不加修饰的,否则孩子容易产生怀疑。真情流露更能激发孩子的感情,更能让孩子真切地感受到亲子沟通的“零距离”,使亲子之间产生共鸣,以心换心,擦出心灵的火花。

4. 自我开放的导向必须积极

孩子的心灵就像一张洁白无瑕的纸,如果家长撒给它七彩,它就会成为一座花园;如果家长撒给它尘埃,它就可以变成荒漠。家长自我开放时，要用正能量和孩子对话，帮助孩子形成正确的人生观、世界观和价值观，不能是牢骚的倾诉，现实的抱怨，否则会影响到孩子价值成长。

5. 自我开放的讲述必须生动

家长自我开放时，讲述的内容和情感必须是动人的。可以带着孩子一起走进家长以往的生活中，带着孩子融入家长的真情实感中，可以通过一张张老照片、老磁带、老日记震撼孩子的心灵……动人的讲述，是心灵与心灵的碰撞，是情感与情感的交融，是观点与观点的拥抱。

6. 自我开放的程度必须适当

家长的自我开放必须是适度的，开放过少，不利于激起孩子的共鸣；开放过多，容易冲突交流的主题，变成宣扬自我，把家长的自我成长当作中心议题，忽视孩子当前的困惑与挫折。家长隐藏得越多，亲子交流就越没有效果，家长开放得太多，就会变成唠叨和啰唆。

7. 自我开放的时机必须合适

家长的自我开放需建立在良好的沟通关系上，要有一定的谈话背景，要让孩子确信家长的自我开放有助于问题的解决，如果过于突如其来，会超出孩子的心理准备，反而起不到好的效果。

家长的自我开放与孩子的自我开放具有同等价值，它可以建立并且促进亲子关系，使孩子感受到家长的平等和真诚，能借助于家长的自我开放来实现更多的自我开放。家长的每一道目光，每一个举手投足，每一个表情动作，每一句声音话语中，都在向孩子表达他的性格特征，无法隐瞒，也无须隐瞒。亲子双方的互相开放、双向作用，可以起到神入、特殊的作用。不少家长害怕自我开放，害怕被孩子拒绝，害怕被孩子嘲笑，害怕被孩子否定，害怕孩子离开，这种想法是多余的，其实家长每时每刻都在不自觉地开放着自己，透过语言、手势、身体姿态和声调流露着自己的感受，开放着自己的思想，暴露着自己的观点。所以，问题不在于家长是否开放自己，而在于如何恰当有效地开放自己。

过而改之善莫大

——如何正确向孩子道歉

道歉是为不适当或有危害的言行承认错误的主要方式，以礼节或者行动征得对方理解和原谅的过程。家长能否在孩子面前认错,表面上看起来简单的事情,却折射出深层次的原因。不少家长由于受传统家长制作风的影响,明明犯错却不认错,含糊其辞或者找借口搪塞,这不仅会使家庭教育效果大打折扣,也会使家长在孩子心目中的高大形象受到影响。

悠悠,男,13岁,初一年级学生。悠悠聪明可爱,学习成绩较好。有一次,邻居找上门来说悠悠把他家的孩子打哭了,悠悠妈妈当着邻居的面马上就骂了悠悠一顿,悠悠看到妈妈这么不分青红皂白,心里很不服气,拉着脸,眼睛紧盯着妈妈。悠悠妈妈随即了解到,原来邻居家的孩子随意摘小区里的花,悠悠去制止,邻居家孩子不但不听,还动手打悠悠,才被悠悠"修理"的。晚饭后,妈妈向悠悠道歉:"妈妈错了,妈妈不应该骂你,但是妈妈是为你好啊!"谁知,悠悠听完以后,依旧拉着脸。昨天傍晚,悠悠七点还没有回来,爸爸发短信也没有回。悠悠回来后,爸爸很生气地问他干什么去了。悠悠说和几个同学吃麻辣烫了,爸爸说了不相信等话,悠悠哭着回到了房间。过了一会儿,爸爸来到悠悠的房间:"对不起,刚才爸爸的话伤害了你。你这样晚回来,爸爸很着急,担心你是不是出了什么事?"当爸爸对儿子道歉后,悠悠马上告诉爸爸:"爸爸,我手机没电了,所以没回短信。下次再遇到这样的情况我一定提前告诉爸爸,不叫爸爸担心。”父子之间关系好多了。

孩子早期的学习方式以模仿学习为主，家长为孩子提供正确的行为范式非常重要。如果家长犯错后，能够诚恳地、发自内心地向孩子道歉，就会给孩子提供一个良好的成长范式，不用给孩子讲什么大道理，就能达到“蓬生麻中不扶自直”的效果。那么，应该如何向孩子道歉呢？

1. 目的要明确

在家庭内，家长威信的树立，并非是坚持自己一贯正确，而是实事求是、严于律己、有错必改，取信于孩子的结果。家长犯了错误或者误解、冤枉了孩子，在孩子面前承认错误或寻找机会向孩子道歉，不仅不会损害家长的威信和尊严，反而会让孩子学会做人的准则。只有当孩子由衷地感到家长言行一致时，才会产生对家长的敬佩之心，家长的教育也才会真正起到应有的作用，才能为孩子树立一个对自己的言行负责、知错能改的形象，才能在潜移默化中培养孩子正直无私的品德。

2. 态度要真诚

家长必须要有一颗坦诚认错的心和敢于改错的勇气，在心平气和的时候，就事论事，主动向孩子承认错误，并及时纠正，既不夸大自己的错误以取悦于孩子，也不轻描淡写，让孩子以为家长是在敷衍了事。这样由心而发的道歉，才能有效化解亲子矛盾，让孩子感受到家长道歉的诚意，体会到家长内疚的心情。

3. 方法要相宜

对于年龄比较小的孩子，家长不用讲太多的道理，只要用具体的行动、表情或者语言，让孩子知道家长做错了事情，再向他表示歉意就可以了。孩子了解到了家长的做法是错误的，就能够吸取教训。对于年龄较大的孩子，家长在道歉的时候，一定要说明自己哪里做错了，并且告诉道歉原因。这样孩子才能用自己的思维做出辨析，避免以后发生类似的错误。

4. 方式要直接

家长错了就要当着孩子的面直接道歉。有些家长在对孩子道歉时，希望借一封道歉信、送孩子小礼物或别人的转告，来获得孩子的原谅。这种方式是很难得到孩子的认可的，孩子会觉得家长的道歉缺乏诚意，心里也不舒服，道歉自然也起不到好的教育效果。

5. 时间要合适

心理学研究表明，家长在失言或失误以后，要选择合适的时间向孩子道歉，时间不宜拖得过长，否则容易产生亲子隔阂。在道歉时，家长不要躲躲闪闪、拐弯抹角，错了就要当着孩子的面勇敢说出来。

在日常生活中，家长做错事或是误会了孩子，道歉是必须的。不管是家长还是孩子，做错事了都要道歉，不能说是家长，就不用道歉。如果家长做错事向孩子道歉，态度是谦卑诚恳的，并且愿意为过失负责，那么以后孩子就会在这种良好的品质中潜移默化。这也让孩子明白，以后无论自己做错了什么事，都要向家长或是被伤害到的人道歉，而且还要负上相应的责任。家长要记住，要以身作则做好孩子的榜样，这才是最好的教育方法。给孩子道歉并非是什么没有面子的事，恰恰相反，孩子在家长的道歉中能汲取很多正能量的东西，这些东西对孩子以后的成长大有益处。“过而改之，善莫大焉”，家长犯错不仅要道歉，而且要改正。如果家长犯错却一意坚持，那只能起到欲盖弥彰的作用，无异于用污水洗脸，越洗越脏。家长向孩子道歉时，不仅要注意时间场合和方式方法，还要注意孩子的心理感受，消除孩子的心理阴影，让孩子理解家长的苦衷，感受家长道歉的诚意和愧疚的心情，在家长那里找到安全感和公平感，减少亲子之间的距离和隔阂。

有的放矢应沉默

——如何正确对待孩子的沉默

沉默是指当孩子进行自我探索而需要回答问题时，孩子出现了以静声应对的现象。随着年龄的增长，孩子的独立意识和自主意识不断增强，对事物有着自己的看法，在怀疑家长观点、思考新的想法、发泄负面情绪、不知问题答案和与家长意见不同发生冲突时，大多会选择沉默，以此来对待家长的提问、斥责和唠叨。

浩浩，男，7岁，正在上小学一年级。有一次，浩浩爸爸的一位大学同学来家里做客。正当爸爸和同学聊得起劲的时候，浩浩跑过来，硬要爬上爸爸的身子，想对着他的耳朵讲悄悄话。浩浩爸爸觉得孩子当着客人的面讲小话，是很不礼貌的表现，便趁着这个机会，好好教训教训儿子，希望浩浩长长记性。于是，爸爸开始大声呵斥浩浩，并要求浩浩当着客人的面，把想说的话大声说出来。浩浩满眼泪水，一言不发，爸爸看到儿子默不作声，扬起手做欲打的姿势，这时浩浩口里才挤出一句话，"妈妈说，家里没有菜，叫你不要留同学吃饭。"浩浩顿时爸爸一脸尴尬。上周末，浩浩拿着语文老师发下来的试卷给爸爸签字，爸爸发现儿子的语文考得不理想，顿时，火从心头起，怒向胆边生！当场将试卷撕得粉碎，对着浩浩怒吼："这样的成绩，还有脸拿出来给我签字？你不好好读书就给我滚出去，我没有你这样的儿子。"浩浩呆立在一旁，开始上演"不要和陌生人说话"的剧本。昨天晚上，浩浩妈妈接到数学老师的电话，数学老师反映这次浩浩数学成绩才考了72分，又把浩浩叫到身边，大声问浩浩成绩落后的原因，浩浩仍是默不作声，浩浩妈妈顿时火冒三丈，对着浩浩的头就是一顿乱打，只见浩浩眼冒怒火，一言不语，一副很生气的样子。

孩子慢慢长大的过程中，逐渐有自己的思考和想法，“沉默”是孩子的一种思想表达方式。这种思想表达方式不一定代表孩子出现了心理问题，孩子只是想在自己的世界里一个人待着。家长的唠叨和责怪根本解决不了孩子的沉默问题，唠叨和责怪只是强迫式的噪音灌输，是无力的教育方式，反而容易引起亲子交流之中的停顿和隔阂。那么，应该如何正确对待孩子的沉默呢？

1. 关爱粉碎阴影性沉默

孩子成长过程中，亲人离别、身体受伤、困难挫折等变故都会在孩子内心留下阴影。不少孩子面对这种情况，心理保护的欲望会越来越强，慢慢地就会变得沉默不语。孩子这时候需要的不是怜悯，而是关爱。只有用浓浓的爱意才能粉碎这种阴影性沉默。

2. 鼓励打破茫然型沉默

孩子默不作声，目光游移不定，带有询问的色彩，这种沉默叫茫然型沉默。比如，家长的问题，孩子搞不清是什么，不知道该说什么好；孩子年龄较小，无法表达或表达不清；孩子想表达的东西很多，却不知从何说起，而一时陷入沉默的状态。面对孩子的茫然型沉默，家长要尽量简洁、通俗、易懂地提出问题，可以和孩子一起坐下来，促进孩子充分表达，帮助孩子作出判断和选择。

3. 接纳理解情绪型沉默

孩子由于气愤、恐惧、羞愧等情绪，不愿谈论自己的某些话题或者躲避过去自己做错的事，陷入沉默之中，这种沉默叫情绪型沉默。面对孩子的情绪型沉默，家长要主动寻找原因，换位思考孩子的感受，接纳理解孩子，采取积极主动的措施提高亲子交流的实效，打破沉默。如果错误是由家长引起的，家长就要主动道歉，予以解释，消除误会。

4. 耐心等待思考型沉默

如果孩子目光凝聚某一点，沉浸在感受与思考中，处于一种积极的自我探索中，表明孩子正在孕育新的想法和情绪，这种沉默叫思考型沉默。面对孩子的思考型沉默，家长也要保持沉默，等待对方，以微笑、目光、微微点头等表示自己的关注、理解和鼓励。

5. 及时回应内向型沉默

有些孩子因内向、不善言谈等个性原因引起的沉默叫内向型沉默。面对孩子的内向型沉默，家长应以极大的热情和耐心加以引导，多用倾听技巧，多作回应，鼓励孩子表达，并善于领会他已说的和想说的内容，切不可急躁、不耐烦，否则，孩子可能会更退缩、更沉默。

“忽然一天你变得沉默不语，你说好累你无法自由呼吸，你说要找回从前的自己”。这句歌词很形象地说出了沉默的原因。很多家庭教育的无效，甚至让孩子产生强烈的情绪反感，就是因为家长控制太多，孩子自由太少。学校教育的低效，也来自于老师们一刻不停地耳提面命。家长多些宽容和理解，正确面对孩子的沉默，给孩子一个自由成长的空间，孩子反而会成长得更快。童年时代，应该是孩子欢呼雀跃的时刻，千万不能在孩子的心海里泛起一层层喊不出的痛苦。家长要让天真无邪在孩子脸上奔走相告，让童言无欺在孩子心上翩翩起舞……

有时无声胜有声
——如何正确应用沉默

沉默教育就是指家长在一定时间内，对孩子沉默不语，以静制动，让孩子依靠自身的理智去战胜非理智的想法，从而完成心路历程的转换，达到预期的教育目的。

明明，男，8岁，正在上小学一年级。明明喜欢打游戏，以往妈妈看到明明玩游戏就讲一番大道理，千叮咛，万嘱咐。但事与愿违，明明对妈妈的教诲形成了一种免疫，任妈妈怎么说，都是无动于衷，让妈妈感到很头疼。除了说服教育以外，妈妈还采取了其他许多方法，比如努力找明明身上的闪光点对他进行赏识教育，但这些方法对他都收效甚微。有一天，明明又在书房偷偷打游戏，妈妈将他叫到客厅，明明一点都不在乎地等待着妈妈的批评，妈妈一点也没生气，只是平静看着他，什么话也没说。就这样过了几分钟，妈妈发现明明慢慢有了变化，从刚才的满不在乎，到有点局促，又过了一会儿，明明低下头偶尔瞟了妈妈一下，妈妈知道他在窥视自己，但依然很平静地看着他的脸，妈妈的眼神中既没有批评也没有愤怒，就好像在欣赏一幅画，明明的头越发低了，表情也更加不安了。良久，妈妈的声音打破了沉默，“你可以回书房去了！”明明抬起头惊讶地看着妈妈，有些不相信，没想到妈妈这么痛快地做出了决定，“你可以回书房去了”，妈妈重复了一遍，明明默默地走回了书房。过了一会儿，明明自己回来了，怯生生地站在妈妈面前，小声说：“妈妈，我错了，对不起。”明明妈妈一阵欣慰，但还是沉着脸问道：“你错了？那你错在哪儿呢？”明明吞吞吐吐地说清楚了错误，居然都说到了点子上，态度也很诚恳，并表示今后一定改正。想不到沉默的效果竟然有这么大。

很多事例证明，沉默在家庭教育中有其独特的功效，如果家长能够恰到好处地运用沉默教育，对孩子传递出丰富的、难以言表的信息，就能起到无声胜有声的教育作用，收到不令而从的效果。家长在不同的场合运用不同类型的沉默，可以起到不同的教育效果。那么，应该如何正确应用沉默呢？

1. 沉默用于提醒

孩子善于模仿，所以家长的行为就是无声的教育，家长在教育孩子时，在沉默中给孩子做出提醒，久而久之将对孩子的行为起到潜移默化的作用，收到不令而从的效果。

2. 沉默以求慑服

如果家长发现孩子犯较严重的错误而又弄不清楚真实情况的时候，为使孩子不隐瞒过错，及时纠正错误行为，家长可以作沉默不语状，让孩子在沉默中感到震惊和压力，自觉把问题讲清楚，然后对症下药，因势利导进行批评和指导，常会收到很好的作用。

3. 沉默代替批评

家长在批评和劝诫孩子时，最容易犯的错误就是当众把孩子说得一无是处。这种批评方式和态度，容易伤害孩子的自尊心，使孩子无地自容，产生自卑或失去自信，导致孩子抵触和反感。家长有时候用沉默来代替对孩子的直接批评和斥责，反而可以使孩子能自觉地意识到错误，表示悔改之意，达到预期的教育效果。

4. 沉默体现威严

家长发现孩子语言轻狂放肆或行为不够检点时，比如，没有礼貌，说话随便、轻狂等，可以采取沉默的态度，使自己显得和谐而稳重、慈祥而威严。这样，孩子就会感到家长身上有一种令人敬畏而又神秘的力量，就会自觉地收敛起轻狂的态度。

5. 沉默表示和缓

家长在辅导孩子学习或进行交谈时，适当地使用短暂的沉默，可以使自己理清思路、选择措辞和观察孩子，以便更好地教育孩子。特别是当孩子与伙伴发生纠纷时，家长可以通过使用沉默，来缓和紧张气氛，使孩子变得冷静和理智，从而接受家长的教育。

语言是最直接的交流方式，但语言容易在教育面前变成裹着刺的糖果，善用语言的家长可以以糖果示人，不善语言的家长只会用刺扎人。当孩子犯了不是出于本意的错误时，家长没必要兴师动众，用语言刺人，这样反而会使孩子加深对错误的印象，难以真正改正，最好的办法就是保持沉默。古语云“沉默是金”，莫言也曾说过：“大爱无言，沉默也是一种教育。少了一些聒噪和唠叨，孩子反而可能会有更多理性思考的空间；而身教重于言教，在默默无声的行为之中，孩子可能更愿意学习和模仿父母良好的生活和工作习惯。”家长运用沉默教育时，不仅要让沉默表现得明确一些，强烈一些，而且要密切注意孩子的反应，把握“火候”，不失时机地抓住教育契机；另外，要和相关的教育手段有机结合使用，不孤立采用“沉默”手段。当然，并非孩子犯任何错误，沉默教育都有效，如果孩子对同一个错误屡教不改，那么家长就应该尝试着结合实际情况，使用其他的一些教育方法。教育的最高境界不是靠语言，而是要修炼自己的教育状态，这种方法需要家长慢慢去体会、去领悟、去实践。

控制情绪利沟通
——如何控制情绪

家庭是孩子的第一所学校，家长是孩子的第一任教师。家长的一言一行、一举一动，都对孩子有着潜移默化的影响。特别是家长的情绪，影响着孩子的心理发展和行为表现。

恺恺，男，8岁，小学二年级学生。恺恺长着圆胖的脸蛋，一双大眼睛忽闪忽闪，特别是那张大嘴巴，笑起来嘴角微微上翘，嘴边还有两个小酒窝，一看就是个小帅哥。恺恺妈妈是一位电脑编程员，工作一忙就控制不好自己的情绪，有时恺恺一不“听话”，妈妈就马上来火，对儿子又打又骂、面壁、关黑屋，企图以这种方式教训制服儿子。本周六下午，恺恺妈妈收到老板的电话，要恺恺妈妈马上参加电话会议，几位电脑编程员和几个大老板都已在线上。妈妈忙把一大堆从图书馆借来的DVD推给恺恺，告诉恺恺妈妈工作很忙，要恺恺自己看录像，不要打扰妈妈。几个小时过去了，恺恺妈妈还在线上，这时恺恺走进书房，可怜兮兮地说：“妈妈，我想我今天已经看了太多的电视了，我要你跟我玩。”紧张的工作让恺恺妈妈完全失去了理智，大声对儿子吼道：“你没看到妈妈正在忙吗？”恺恺看到妈妈发火了，哇的一声哭了出来。这更让妈妈火上浇油，妈妈马上提高嗓子大叫：“哭什么哭！你这么大了，还不懂事。”恺恺只能灰溜溜地从妈妈房间里走出来。

孩子在家长的不良情绪面前，很容易产生内心冲突。一方面，孩子不得不依赖家长的照顾，以满足某些需求；另一方面，孩子又非常反感家长的这些不良情绪。内心的矛盾导致他们心情烦躁、郁郁寡欢、精神分散，严重的可出现紧张、焦虑或强迫，出现躯体不适症状，比如，头痛、头晕、胸痛、憋气等。长此以往，孩子会将这种困扰压迫到潜意识中，有意无意地采取一些对抗行为，比如，强迫动作、说谎、逃学、打架等，经常与惹麻烦的儿童在一起，甚至可能发展成反社会人格。那么，在教育孩子时应该如何控制情绪呢？

1. 自我暗示法

语言是影响情绪的强有力工具。经常阅读滑稽、幽默的诗句，可以消除悲伤；经常背诵“制怒”“冷静”等，可以自我提醒、自我暗示；告诉自己“停！停！”，然后深呼吸，愤怒的“火山”就会熄灭。

2. 行为控制法

家长在生气的时候拍桌子、瞪眼或者放高自己的嗓门，这只会增加孩子对家长的恐惧感，让孩子感觉到跟家长之间的距离，激化亲子之间的矛盾。因此，家长在感觉到自己火气上来的时候，要暂时离开孩子的周围，去倒一杯水、洗把脸或者向远方眺望，这样家长激动的情绪就会慢慢平复下来。

3. 心情放松法

心情不佳时，通过自上而下全身放松、自我催眠、自我按摩或者面带微笑想象曾经经历过的愉快情境，可以使自己进入放松状态，保持心情开朗。

4. 改变认知法

心理学家艾利斯的ABC理论指出，人的心情C并不是由事件A决定的，而是由对这个事件的看法B决定的。因此，仔细分析产生不良情绪的原因，弄清楚究竟为什么会苦恼、忧愁或愤怒，换个角度看问题，不良情绪就会得到消解。

5. 转移注意法

心情郁闷时，主动去帮助别人，或者找知心朋友谈心，或是找有益的书来阅读等，适时转移注意力，心情就会豁然开朗，就不会处于精神空虚、心理空旷的状态。

6. 能量宣泄法

适时疏泄消极情绪，身心才能健康。该哭时就大哭一场，心烦时找找知心朋友倾诉，愤怒时去跑个步，情绪低落时唱唱欢快的歌。不良情绪的能量释放出来后，心情才会平静下来，机体才能达到平衡。

7. 户外纾解法

心理学专家温斯拉夫研究发现，最好的情绪纾解方法之一是户外。人在沮丧或愤怒时，生理上会产生一些异常现象，这些都能够透过户外活动，比如，跑步、打球、打拳等方式，使生理恢复原状。生理得到恢复，情绪也就自然正常。

情绪与生俱来，复杂多变，每一种情绪都有它的价值和功能，既可成为家长和孩子建立和睦人际关系的催化剂，也可成为家长和孩子成功道路上的绊脚石。一个心理健康的人不否定自我情绪的存在，而且会给它一个适当的空间允许自我有负面的情绪。美国心理学家安东尼罗宾斯曾说过："成功的秘诀就在于懂得怎样控制痛苦与快乐这股力量，而不为这股力量所反制。如果你能做到这点，就能掌握住自己的人生，反之，你的人生就无法掌握。"只要家长成为情绪的主人，不让情绪左右思想和行为，就能够善用情绪的价值和功能，做控制情绪的榜样，用自己的成长来带动孩子的成长，用自己的实际行动来帮助孩子。

化解冲突促成长

——如何预防和化解亲子冲突

随着孩子年龄的增加,自我意识不断增强,3~4 岁左右的孩子会迎来一个反抗期。这个时期孩子的脑反射活动中,神经的兴奋过程比抑制过程占优势,孩子显得更加活泼好动,而且容易激动,体力活动和脑力活动的承受能力比以前有所加大,开始出现强烈的独立愿望,希望能独立处理一些事情。但这时候家长会认为孩子的实际能力与希望所做的事情还有很大的差距,孩子的自我服务不仅不能给家长减轻负担,有时反而会带来意想不到的麻烦。孩子的这种强烈的独立意识与家长的不理解和不支持之间的矛盾,往往会使亲子关系出现不协调的现象,引发亲子之间的冲突。

曦曦,男,14 岁,初二年级学生。自从曦曦上了初中以后,妈妈发现儿子越来越难管教了。每天晚上放学回家吃完饭,曦曦就拿着电视遥控器不撒手,妈妈催他做作业,曦曦就嫌烦,说:“我的事情我自己安排,别干涉我的自由”。曦曦喜欢穿打着补丁的上衣,故意剪破裤子,留着一头长头发,还染成了亮黄色。妈妈担心曦曦学坏了,对儿子的种种“劣迹”,经常在饭桌上数落,并要求曦曦认真改正。但是,往往妈妈话只说了一半,曦曦就放下筷子摔门回房间去了。曦曦爸爸经常出差在外,对儿子的状况了解不多。两个月前,曦曦爸爸听了妻子的抱怨后,狠狠训了曦曦一通。谁料到曦曦竟然跟爸爸还嘴,还顶撞爸爸,曦曦爸爸一气之下就动手打了儿子几巴掌。此后两个多月,曦曦和爸爸一句话也不说,和妈妈的沟通也越来越少了。

亲子冲突有其积极的一面，适度、低水平的冲突不仅能体现亲子之间的磨合，而且可以折射出孩子的真实想法、内心需要以及身心发展水平，妥善处理亲子冲突不仅能够促进孩子社会化，而且能够加深家长对孩子的了解，有助于家长在实践中摸索最适合的亲子交往方式。但激烈的亲子冲突往往会给孩子身心发展和亲子关系造成极大的伤害，无论家长还是孩子都会很痛苦，造成父母情绪低落，工作效率低下，导致孩子对抗、沉默或退缩。那么，应该如何预防和化解亲子冲突呢？

1. 接纳情绪法

孩子发现自己的情绪被家长接纳后，更容易平静下来使冲突得到解决。因此，家长要理解冲突过程中孩子的心理状态，善于引导孩子表达自己的想法和感受，为选择有效的冲突处理策略提供判断依据，更好地解决亲子冲突。

2. 沟通交流法

通过召开家庭会议，用脑力激荡的方法，各自思考解决问题的方案，然后一起评估和讨论这些方案的可行性，并选择亲子双方都认可的最佳方案，制订出完成方案的行动计划，按照计划认真执行，化解亲子之间的分歧和矛盾。

3. 离开现场法

孩子情绪激动时，家长可以通过带孩子离开现场的方法，让孩子平静下来，避免冲突的发生。比如，孩子在商店里大吵大闹要买玩具，家长不能因为周围人的目光让他得逞。可以把孩子带出来，用平静的语言告诉他："要买东西应该心平气和地说出来，不应该大吵大闹。"慢慢地孩子就学会用语言表达自己的想法。

4. 约法三章法

亲子双方经过协商建立共同规则，有利于培养孩子良好的行为习惯，并为孩子发展提供足够的独立空间。制订规则时，家长要和孩子一起协商，让孩子知道哪些该做，哪些不该做。一旦孩子参与了约定，便会觉得这些规则很神圣，会自觉遵循。当亲子冲突的时候，家长就可以提醒孩子遵循约定。

5. 角色扮演法

轻松的角色扮演游戏可以让孩子学会换位思考，体验家长的感受。比如，让孩子饰演家长的角色，家长装成一个极不听话的孩子，在孩子“教育”家长的过程中，体谅家长的良苦用心。通过角色扮演，亲子之间的对抗自然会减少很多。

亲子冲突是家庭生活中的一部分，家长用不着把它视为洪水猛兽而想方设法回避它。其实，没有亲子冲突的家庭更危险，更缺少孩子处理人际关系的机会和资源。没有冲突也许是因为孩子对父母的权威极为畏惧，不敢忤逆父母的规则；也许是亲子关系已经冰冷到无视于彼此的存在，就像陌路人一样。把亲子冲突视为生活中的自然现象，让它在家中自然地出现，让孩子有机会体验冲突的情况，并从中学习如何与父母沟通，如何化解冲突。这样，孩子今后踏入社会遇到冲突时，就能理智冷静地处理，就能够拥有良好的人际关系。

接待家访达一致

——如何接待教师家访

家访是指教师到学生家庭进行访问，是教师发挥专业优势去影响家长的教育行为。教师家访对孩子指导比较具体，一般与家长沟通情况，交流感情，密切关系，商讨共同教育孩子的方法，具有很强的针对性。

悦悦，女，10岁，小学三年级学生。悦悦的父母长年在外地打工，一年难得回来一趟，而且两人由于经常闹矛盾，很少一起回来。悦悦从小和外公外婆一起生活，外公外婆看着孩子可怜，就加倍的疼爱她，什么事情都依着他，从来不让她干任何事。悦悦早上爱睡懒觉，外婆就等在床边，看上学快要迟到了才叫醒她；起床后外婆忙着给她洗脸、盛早饭；悦悦不爱学习，怕写作业累，外婆就不要求孩子写，有时还替悦悦写作业。为了让悦悦学会独立生活，认真完成作业，昨天下午班主任老师给悦悦外公外婆打来电话，说本周五晚上要来悦悦家里家访。听完班主任老师的电话，悦悦外公外婆心中感到忐忑不安，不知道该如何接待老师家访。

教师家访能有效地协调亲子之间、师生之间的矛盾，搭建教师、家长、学生心灵沟通的桥梁，促进孩子健康成长。但是，由于受一些社会不良风气的影响，不少家长误解了教师家访的最初动机，诚惶诚恐，反而给家、校沟通带来负面影响。那么，应该如何接待教师家访呢？

1. 态度友好

接待老师家访时，家长要穿戴整齐，热情礼貌地将老师请进家，倒上一杯茶，轻轻松松地交谈，这样既可以为孩子树立文明行为的榜样，又可减轻孩子的心理压力。

2. 言谈得体

家长谈话的语言要文明，举止要大方，既不能婆婆妈妈地唠叨，只顾自己滔滔不绝地讲孩子的事情，让老师无处插嘴，也不能过分使用客套话，让谈话浮于表面，更不能打听老师的个人问题，让老师感到为难。

3. 坦诚相见

老师家访的目的，就是对孩子加深了解，以便采用有针对性的教育方式帮助孩子成长。因此，家长和老师交流时要坦诚相告，既要告诉老师孩子的优点和进步，又要告诉孩子的缺点和不足；既可以委婉地对学校设施、管理和教育教学提出中肯建议，又可以咨询孩子教育的方法；既要听取老师对孩子的评价，又要听取老师对家庭教育的建议，双方交换意见，最终形成对孩子的一致要求。

4. 保持联系

老师家访固然重要，但不定时地主动和老师聊聊孩子近况，也非常必要，特别是通过现代通信技术与老师取得沟通，更能快捷直观地了解孩子的学习情况。为此，家访临近结束时，家长可以委婉地询问老师，是否方便留下电子邮箱、QQ、Msn、微信、班级论坛地址或其他联系方式，以便今后进一步沟通。

5. 耐心解释

现代人生活节奏快，工作压力大，不少家长在老师家访时突然有事，不能接待老师，这时家长要耐心地和老师解释清楚原因，并预约下次见面的时间。家庭中出现单亲、重组、住房紧张或者家有大病重病老人等现象，家长感到老师上门家访很不方便，这时家长也要向老师耐心解释原因，并邀约老师在其他地方见面或者到学校去和老师恳谈。

近年来，家庭对独生子女的溺爱、单亲家庭孩子的心理问题等现象日趋明显，要解决这些问题都需要家、校经常保持联系。苏联伟大的教育理论家和教育实践家苏霍姆林斯基曾说过：“教育过程中要充满爱和期待，如果把一份爱心放在家访中，就会取得意想不到的效果。”家长接待好老师家访，可以加强彼此的信任，更好地达到家校共育的目的，协调好学校与家庭教育的步调，统一好学校教育与家庭教育对孩子的要求，为孩子的健康成长插上坚强有力的翅膀。

校访需要备备课

——如何去学校和老师沟通

沟通是人与人之间思想与感情的传递和反馈的过程,以求思想达成一致和感情的通畅。家校之间的沟通,除了家访、电话、网络等联系以外,还有一种方式就是校访。

冬冬,男,13岁,小学六年级学生。冬冬从小性格活泼,顽皮好动,又长又乱的头发半遮着眼睛,时不时透露出一种狡黠的光芒,两颗像黑宝石似的大眼珠只要一转,嘴角挂着一丝冷笑,不知又在打什么坏主意了。爸爸妈妈屡屡接到老师的电话,反映冬冬经常在教室里顽皮捣蛋,不是推翻同学课桌,就是扯坏同学衣服,每次爸爸妈妈听完电话后,非常恼火,总免不了要修理冬冬一番。六年级时,语文老师做冬冬的班主任,冬冬爸爸妈妈以前就听人说:"这个语文老师猛于虎,孩子一有状况,就会请家长,把家长和孩子一起训,厉害着哪"。果然,开学还不满一个月,班主任老师就给冬冬爸爸打了三次电话,报告冬冬的"反常"行为:作业潦草,上课走神,做事太慢……每次接到班主任老师的电话,冬冬爸爸总要耐心地教育冬冬一番,可冬冬总不以为然。昨天下午,冬冬爸爸又接到班主任电话,反映冬冬下午旷课,请冬冬爸爸到学校去交流一下孩子的教育问题。接到班主任老师的电话,冬冬爸爸心里感到忐忑不安,不知道到学校后该如何和班主任老师进行沟通。

在教师和家长沟通过程中,个别教师由于受师道尊严传统思想的影响,喜欢居高临下,霸道地和家长沟通。那么,家长应该如何去学校和老师沟通呢?

1. 注意文明修养

家长要加强自身的修养,认真学习家庭教育的有关知识,不断完善自己。如果家长能以平和的心态、专业的口吻和礼貌的话语和老师交流,老师肯定会敬佩有加。这样家长和教师才能更好地达成一致,更好地帮助到孩子,使孩子在和谐的环境中健康成长。

2. 正确表达情绪

家长遭到老师误解时要保持冷静，善于自控；看到老师错误时,要委婉提出;遇到矛盾时,要主动反思;发现孩子问题时,要主动承担责任,切忌一言不合,当场吵起来。

3. 积极主动沟通

家长和老师沟通时,先要在心里备备课,想好自己要说的话,比如,可以和教师谈谈孩子的学习情况、行为规范、同学关系、心理素质等等,表达时要言简意赅,既不浪费时间又不漏掉关键东西。

4. 注意沟通方法

有效沟通的前提是尊重。家长与教师都是孩子健康成长的引路人,都肩负着教育好孩子的重任,两者之间不存在身价、地位的高低之分,只有相互尊重,才能营造愉悦的沟通氛围。有效沟通的基础是倾听。家长不仅要听老师说话的表面意思,也要听老师话语中蕴含的意思,更要注意老师说话时的语气、语速、语调和动作、表情等,全面捕捉信息。有效沟通的重点是真诚。家长要坦诚地反映孩子的问题,虚心地听取老师的意见,委婉地提出建议。有效沟通的保证是双向。即家长在倾听过程中要注意适当反馈,以保证信息的准确性和交流的畅通性。

5. 切实履行措施

家长和老师交流了孩子的情况后，通常会即时约定一些双方共同教育孩子的措施。既然有了措施,家长就应当言必行、行必果,切实履行措施,家校共同教育好孩子。

现代教育不是一个孤立、封闭的过程,而是开放的、现实的、全方位的社会活动。孩子的成长都离不开三个方面的环境:家庭、学校、社会，三个方面不可以替代。孩子是在学校、家庭以及社会的共同影响下成长的。苏联教育家苏霍姆林斯基曾说过："教育的效果取决于学校家庭的一致性，如果没有这种一致性，学校的教学、教育就会像纸做的房子一样倒塌下来。"孩子的健康成长，仅靠学校或家庭都是远远不够的，没有家庭与学校的配合，教育就不会有针对性和连贯性，就很难取得教育共识。只有家、校形成合力，教育效果才可能是加法；只有家校经常联系，才能达到事半功倍的效果。因此，家长被老师请到学校时，要换位思考老师的想法，这样才能拉近彼此的心理距离，融洽双方的关系，为孩子健康成长创造良好的教育氛围。

面对告状找原因

——如何正确处理老师告状

不同时期,教师、家长和孩子之间的关系是不同的。入学前,家长对孩子影响最大;进入幼儿园后,老师的影响力开始超过家长;进入青春期以后,随着身体的迅速变化,孩子的自我意识越来越强烈,非常渴望摆脱老师和家长的束缚,按照自己的想法独立行事。这时候一些老师会感觉到学校单方面教育孩子, 很难收到良好的教育效果,于是就将孩子问题告诉家长,"告状"就成了一种解决问题的办法。

轩轩,男,14 岁,小学六年级学生。轩轩学习很聪明,反应很快,学习成绩不错,就是比较调皮捣蛋。上周,轩轩爸爸在街上遇到轩轩的英语老师, 英语老师当着许多人的面对轩轩爸爸说:"轩轩人是很聪明的,就是经常不做作业,你们家长也不管管,这样下去孩子是没有前途的。"听完英语老师的话,轩轩爸爸当场感到非常尴尬,真想找个地缝钻进去,只得胡乱地应付了几句,回到家狠狠地把轩轩训了一顿,可是轩轩很不服气。昨天下午,轩轩的爸爸接到了数学老师的电话,反映轩轩课堂上玩手机,被老师发现后,老师在同学面前批评了他,轩轩不仅不认错,竟然还在课上和老师顶撞起来,轩轩爸爸听完数学老师的电话,心情正郁闷着。谁知,班主任老师又打来电话,反映轩轩一贯不遵守纪律,带头在班级里违反规章制度,希望家长严加督促和管理。接到老师的"告状"电话,轩轩的爸爸不知道该如何进行处理。

家长如何处理老师的“告状”电话，关系到孩子今后品德和学业的成长。处理得当，可以促进孩子的成长，搭建家校之间沟通的桥梁；处理不当，不仅会引发家校关系紧张，还会加重孩子的逆反心理。那么，应该如何正确处理教师“告状”呢？

1. 冷静应对 感谢付出

老师向家长反映孩子在校表现不好的时候，家长一定要冷静，要相信老师的动机是为了孩子学习进步、健康成长，才与家长主动联系的。家长要设身处地地感受老师的辛劳，发自内心地感谢老师对孩子的真诚帮助，多说：“我应该怎么做？”“我应该怎样配合您工作？”“怎么做才能避免这类事件再次发生？”这样的话，缩短家长和老师之间的距离，营造融洽的沟通气氛。

2. 控制情绪 倾听声音

家长听到老师“告状”时，一方面要控制好自己的情绪，千万别意气用事，觉得老师都告状了，自己面子挂不住，揪住孩子就是一顿谩骂，谩骂只能使孩子离自己越来越远；另一方面要倾听孩子的声音，进一步了解事情的真相，做到就事论事，以免委屈孩子。

3. 做好检讨 帮助改正

当老师告诉家长孩子出现了问题的时候，家长首先要检讨自己，是不是自己身上也有问题的影子，在自我检讨的基础上严格要求自己，以身作则，做好孩子的表率。同时要引导孩子反思存在的不足，找到改正不足的方法，告诉孩子即使是正确的动机，也要用恰当的方式去处理，不能让正确的想法变成错误的结果。

4. 适当翻译 切忌唠叨

心理学指出，负面的问题如果过于强化，就会使问题固化，不利于改变，这叫负强化。对于老师的告状，如果家长不断唠叨，不断将老师的观点转述给孩子，反而会造成孩子无所谓的状态甚至对老师产生逆反心理。家长对老师告状适当进行“翻译”，会让孩子收获到自信和责任。比如，老师反映孩子上课不专心听讲，家长可以这样和孩子说：“老师说，你最近上课表现很积极，比以前强了很多，老师希望你能更专心一些，老师相信只要你更专心，成绩一定会更好。”

5. 促成沟通 帮助成长

当孩子反省之后，家长要鼓励孩子去找老师解释清楚，并保证自己以后不再犯类似的错误，这样做既可以让老师放心，融洽师生关系，也可以锻炼孩子自己解决争端的能力，培养孩子情商。

面对教师“告状”，家长处理得好，会变成教育孩子的契机；处理不好，就会变成责罚孩子的导火索，不但起不到好的作用，反而会加重问题。接到老师“告状”电话后，家长一定要控制好情绪，耐心地调查事情真相，了解孩子的内心世界，和孩子一起找出问题所在以及有什么可能的解决方法。家长既不能当防护镜，无原则地护孩子，也不能当照妖镜，把孩子缺点妖魔化，更不能当显微镜，故意放大孩子的缺点，还不能当反光镜，遇到问题简单条件反射。只有这样，才能做到有节有度，化不利为有利，促进师生关系和谐发展。

师生对抗巧化解

——如何化解师生矛盾

师生矛盾是指在教育教学过程中教师和学生产生的想法和行为上的对立行为。由于师生双方社会背景、扮演角色、各自年龄不同,在知识、情感、态度、抱负等方面存在差异,对同一信息可能有不同的看法,由此出现沟通障碍,产生师生矛盾。由于孩子年龄尚小,人际沟通的本领和技能还没有发展起来,处理问题方法简单,往往通过发泄怨气来面对师生之间出现的矛盾。

丹丹,女,15 岁,初三年级学生。丹丹是家里的独生女儿,从小学习就不认真,脾气倔强,学习成绩居班级中下。上周五晚上,丹丹爸爸接到化学老师打来的电话,电话里反映今天下午第二节化学课,正当化学老师在黑板上板书的时候,突然张琳举手向老师汇报,"老师,丹丹用粉笔砸我"。听到张琳的汇报,化学老师还没有说话,丹丹就大声辩解起来:"老师,我没有砸,是晓岚砸的"。晓岚是坐在丹丹边上的一个学习、纪律都比较好的女同学。化学老师非常恼火,马上说:"你做了错事还不肯承认,还像一个学生吗?"化学老师的话立刻引来了其他同学对丹丹的讥笑,这使丹丹非常气愤,气呼呼地瞪着眼睛看看晓岚,又愤愤不平地看看化学老师,在那又是拍书本又是砸笔。丹丹爸爸事后经过详细调查,确认化学老师冤枉了丹丹,是晓岚用粉笔砸的张琳。本周三丹丹化学作业没做好,被化学老师罚抄了五遍,回到家就对爸爸妈妈说:"作业整天都做不完!化学老师疯了一样,还要我罚抄五遍!我就不抄!"昨天回家以后,丹丹又嚷嚷道:"化学老师整天针对我,自修课上不少人都讲话,偏偏批评了我，学习化学真没劲。”眼看女儿和化学老师心存芥蒂，对化学学习逐渐失去兴趣，丹丹爸爸妈妈心里非常着急，不知道该如何化解孩子和老师之间的矛盾。

世界上矛盾无处不有，无处不在，师生之间存在矛盾是一件很正常的事情。师生矛盾处理得好，会加深师生情谊，促进孩子学习，处理不好，会进一步恶化师生关系，对孩子成长造成影响。那么，应该如何正确化解师生之间矛盾呢?

1. 耐心倾听

心理学家梅拉比恩的研究表明，一种信息的总体效果可以分为以下几部分:言语内容占 7%，语音、语调、语速等占 38%，身体动作、面部表情等占 55%。因此，家长和孩子沟通时，不仅要倾听孩子的口头语言表达，更要注意孩子的肢体语言表达，力求捕捉到孩子内心的真实想法。

2. 就事论事

面对孩子和老师的冲突，家长要就事论事，既要指出孩子本身的问题，也不要刻意回避老师自身的问题，这样孩子才会对家长感到信任，接下来家长的建议和主意才有可能被孩子接纳。

3. 换位思考

家长要告诉孩子，老师严格要求本意是为了学生更好地学习，老师每天要面对繁忙的教学、不懂事的学生、竞争的压力、身体以及情绪的变化，有时教育方式也会不恰当，作为学生要多理解老师的苦心，站在老师的角度思考问题，不要心存芥蒂。

4. 反求诸己

让孩子把自己和同学的表现比较一下，孩子就可以了解自己的言行是否妥当，就能知道自己遭受“不公正”待遇的原因了。这样，不仅有助于消除孩子对老师的不满，还可以培养孩子“严于律己，宽以待人”的品质。

5. 消除隔阂

在师生沟通前，家长先要和老师取得联系，感谢老师对孩子的关心，和老师谈一下孩子个性，让老师对孩子有所了解。在此基础上，家长再带着孩子与老师面对面沟通，消除师生之间的误解和隔阂。

师生在认知、情感、意志和行为等方面有差异的地方，都有可能存在冲突。有的潜伏着，有的爆发出来。冲突处理得当，会加深师生情谊，促进后续工作有效开展，倘若处理不好，会进一步恶化师生关系，对后续教育产生严重影响。在处理师生矛盾的过程中家长的态度至关重要，是化解矛盾还是激化冲突，是阻碍孩子成长还是帮助孩子成长，取决于家长处理矛盾时的态度和方法。只有耐心地倾听，细心地疏导，艺术地处理，充当好师生冲突的消防员，有效化解师生矛盾，才能有效帮助孩子获得成长的力量。

伙伴矛盾要消融

——如何化解伙伴之间的矛盾

班级里同学在一起难免会发生矛盾或摩擦，有时就是一句话、一个眼神、一个小磕碰、一次小接触或一个道听途说，都会引起孩子之间的冲突。由于现在的孩子大多是独生子女，习惯了别人的包容，却不知道也要包容别人。面对冲突，不知道该如何处理，经常感情用事以牙还牙，导致同学关系出现矛盾，影响孩子的情绪和学习。

骏骏，男，13 岁，六年级学生。骏骏胖乎乎的脸上，长着一对调皮的大眼睛，眼帘忽闪忽闪的，挺直的小鼻子下面一张红红的小嘴，一笑起来，那小小的眼睛几乎眯成一条缝，还会露出两排玉米粒一样整齐的牙齿。骏骏从小就很聪明，上学后学得很轻松，几乎每次考试成绩都是班级前三名，而且还担任了班级的学习委员。进入六年级后，班主任老师找到骏骏，要骏骏发挥班委干部的作用，帮助班级中一位叫小青的后进生，然后就把小青的座位安排在骏骏旁边。小青经常不遵守课堂纪律，喜欢惹是生非，学习成绩很差。两个人坐在一起没到一个星期，就发生了两起吵架事件，第一件是体育课上全班同学正在练单杠，小青拿起操场边的一个篮球独自在拍球，骏骏看到后去制止他，小青就把篮球随手一扔，哪知刚好扔在了骏骏的头上，骏骏顿时觉得眼冒金星，就随口骂了一句，哪知小青听到后非常恼火，打了骏骏背上一拳。另一件事情是在电脑课上，骏骏教小青如何分栏，反复教了几遍，小青竟然还是不会，骏骏就忍不住说了小青一句“真笨”，小青听到骏骏说他，张口就骂骏骏“肥猪”，两个人随后动起手来，小青把骏骏推倒在地，致使骏骏手臂轻微擦伤。

孩子在学校与同学发生矛盾回家跟家长哭诉，希望家长能替自己伸张正义，讨回公道。这时家长处理得当，矛盾就会成为孩子成长的“营养剂”，处理不当，矛盾就会成为孩子成长的“拌脚石”。那么，应该如何正确化解伙伴之间的矛盾呢？

1. 正确认识

每个孩子的想法不同，有冲突很正常。家长要正确认识孩子间发生冲突的利弊，冲突虽然有其危害性，但冲突也能促进孩子学习与人相处的方法，学习解决问题的策略，尊重与自己不同观点的人等等。

2. 稳定情绪

孩子发生纠纷后，家长首先要冷静，稳定自己的情绪。既不能不分青红皂白，把责任全部推到对方身上，怒骂“谁欺负你了，老子帮你找他算账去”“你这个窝囊废，你不能打他吗？”等类似的话语，甚至训斥或是辱骂对方家长，导致家长之间也产生矛盾，这是极不应该的。如果这样，孩子会产生“爸爸妈妈向着我”的感觉，容易滋长唯我独尊、蛮横无理的不良习气，不利孩子的健康成长。也不能为了表明自己的大度和宽以待人，当孩子之间产生矛盾时，不查明缘由，就把责任全部归咎于自己的孩子，一味责怪孩子惹事，这种做法也是极其不恰当的。这样容易使自己的孩子蒙受委屈，继而对家长产生失望的情绪。

3. 证实情况

家长要深入细致地调查冲突的原因，不能道听途说，不能采用“我猜想……”“我估计……”的方式去捕风捉影，更不能用老眼光来看待孩子。首先，家长要给孩子倾诉的机会，让孩子说明事情的缘由，宣泄心中的郁闷，心平气和地问孩子：“究竟发生了什么事啊，爸爸妈妈要知道事情的真相，才能发表意见。”引导孩子如实地将事实的经过讲清楚。然后再问问班级中知道这件事情的其他孩子，看是不是和自己孩子说的一样，只有弄清楚事情的真相，才能培养孩子诚实的品格。

4. 正面教育

家长要站在公正和负责任的立场教育孩子，如果是孩子自己错了，就明确指出来，让孩子知道错在哪里，培养孩子的是非观念；如果是同学无意的过失，教育孩子要原谅对方，从小培养孩子宽广的胸怀；如果因孩子帮助同学遇到麻烦，就要告诉孩子帮助的技巧，这样才能培养孩子处理问题的能力和勇于承担责任的品质。

5. 正向沟通

孩子间发生了纠纷，双方家长要诚恳交谈，彼此谅解，友好地解决问题，使孩子受到感染和启发，化干戈为玉帛。家长千万不能因为孩子间发生争吵和纠纷，就限制孩子与同伴交往。如果这样，孩子就不能在冲突和纠纷中成长，不会增长与人交往的经验。同时，家长不能用成年人的思维方式去代替孩子解决问题，越俎代庖的结果往往使孩子不能获得成长。家长应多问“你有什么好的主意?”“你觉得应该怎么做? ”等问题，让孩子感到自己有权利也有责任去解决矛盾，与同学重归于好。

冲突是孩子学习的一门必不可少的情商课程。当一个孩子有了一定的独立意识，免不了要与同伴发生冲突，甚至拳脚相加，然后重归于好。在这个过程中，孩子开始正确认识自我，认识自己的能力、体力、智力，切身体验自己与伙伴的关系，逐渐掌握相互合作、相互谦让、抑制私欲、帮助别人的能力。这种“吵了又好，好了又吵”的过程，正是孩子掌握处世技能、学会适应未来社会的有效途径。每一次成功化解矛盾的过程，对孩子既是一种锻炼也是一种提高的过程。为使孩子长大后更自信、更成熟，更能在复杂的社会人际关系中游刃有余，作为家长不仅要当好孩子矛盾处理的导师，更要做好孩子矛盾处理的榜样，教育孩子在面对伙伴冲突时要少一点怒斥，多一点微笑；少一点敌意，多一点友好；少一点鲁莽，多一点冷静；少一点苛责，多一点谦让；少一点冷漠，多一点关心，让化解矛盾的过程变为促进孩子成长的过程。

合作才能多方赢
——如何培养孩子的合作意识

合作是指为了相同的目的共同完成某一工作或某一任务的行为，是孩子在未来适应社会、立足社会不可缺少的重要因素。合作这种社会性行为，需要孩子终生学习和发展，家长在引导时应具体事情具体对待，有的放矢地培养孩子的合作意识。

媚媚，女，15 岁，初二年级学生。媚媚从小就非常聪明，学习成绩很好，性格外向，合作意识强，伙伴关系好。前两天学校举行开放日活动，媚媚爸爸去学校听了一堂综合实践课，老师要求同学们思考织毛衣领口时针的穿法，先独立思考，摆一摆、想一想怎样才不会漏掉和重复？用简单的图示或文字画一画有几种不同的穿法？独立思考完成不了的，接下来小声与同桌商量。然后，在小组内交流自己的做法，做好向全班交流的准备。只见媚媚一边摆弄针线，一边在纸上画着，不一会儿就完成了。看到同桌杨晨半天没有想出来，媚媚就耐心地给她讲解，直到杨晨露出了开心的笑容。当老师宣布同学上台展讲时，媚媚拉着杨晨高高兴兴地上了台，媚媚讲解，杨晨画图，两人不疾不徐，主动默契地配合，体现了团结向上的学习合力。看到女儿善于合作的情况，媚媚爸爸心中感到特别高兴。

现在的孩子多数是独生子女，是家里的“小皇帝”，被一家两代甚至是三代人宠着。过度的呵护与溺爱，让孩子做事往往以自我为中心，唯我独尊，缺乏合作精神。著名心理学家阿德勒认为：孩子不学会合作之道，必定会走向孤僻之途，并产生牢固的自卑情绪，严重影响孩子一生的发展。那么,应该如何培养孩子的合作意识呢?

1. 明白意义

合作能促进孩子在学习上互相帮助、共同提高;能增进孩子间的感情交流,改善人际关系;能提高学习能力和效率,使学习成绩的提高效果显著。家长要教育孩子,每个人都是群体中的一员,没有贵贱之分,只要齐心协力,就能解决矛盾,战胜困难,只有坦率真诚,才能与大家合作愉快。

2. 营造氛围

家长要以身作则,做好孩子合作的示范,为孩子提供观察学习的榜样。孩子有错时,不当面数落;家长有错时,主动向孩子道歉,请求孩子谅解;要求孩子帮忙时,对孩子说:“很抱歉打扰你”“如果你乐意帮忙,我会很高兴”“谢谢”等;在外面碰见邻居时,主动上前帮拎东西等;这样,可以使孩子在家长的一言一行中受到教育,得到心灵的成长。

3. 教会方法

合作技能的高低直接影响合作的进展和结果。家长要教会孩子合作的规则与方法,比如,合作之前要先商量各自的分工,遇到问题要一起想办法解决,认真倾听同学的意见,不能唯我独尊,要充分顾及同学的需求和感受,当同学犯了错误时,要鼓励不要指责等等。

4. 强化体验

孩子与伙伴成功合作后,会体验到快乐,产生继续合作的需要。这时家长就要引导孩子充分感受这种氛围,激发孩子进一步合作的内在动机,使合作行为更稳定、更自觉。

5. 秀出成果

家长要注意搜集和展示孩子合作完成的作品,培养孩子继续合作的积极性。比如,当孩子在家庭中与兄弟姐妹合作完成制作“潜水艇”后,家长可拿出事先准备好的照相机摄下“友好一幕”,保存在影集中,寄给老师或同学,推荐给报纸杂志等,秀出孩子的合作成果。

大海之所以浩瀚,是因为它汇聚了千万条河流;大山之所以高耸,是因为它凝聚了千万块巨石;大漠之所以广袤,是因为它团聚了千万颗细沙。生活就像一首美妙的乐曲,合奏才能各展风采,飞扬出美妙的旋律。一位心理学家说:“如果你能够使别人乐意与你合作,不论做任何事情,你都可以无往而不胜。”要弹奏好生活的乐章就要善于与人合作。俗话说:“三个臭皮匠,赛过诸葛亮”。合作是一种能力,更是一门艺术。家长充分认识到合作的重要性,在日常生活中增强孩子合作的意识,孩子的合作精神和合作行为就一定能够得到顺利发展,才能形成健康的人格,获得更大的力量,争取更大的成功,最大限度地实现自己的价值,创造辉煌的人生。

语言艺术篇

多听少说多投入

——如何正确应用语言回应孩子

倾听是在尊重和接纳孩子的前提下，通过听觉或文字来接受言语信息，以求思想达成一致和感情的通畅。家长倾听孩子时，不仅表现在听，还表现在要有适当的反应，配合一些语气词、小问题和肢体语言等进行倾听。

洁洁，女，11岁，小学五年级学生。洁洁昨天放学回到家，躲进了书房，既不和父母交流，也不出来吃饭。妈妈到书房叫她，洁洁还是没有出来，妈妈忍不住就说了她几句，洁洁竟然跑出来对着父母大吼了一通。洁洁妈妈气得回到卧室也不吃饭，嘟囔着："这孩子越来越不像话了，有什么大不了的事回到家要跟父母发脾气？"洁洁爸爸想想对女儿发脾气也解决不了问题，就放下手头的事，陪洁洁坐了下来，问女儿到底发生了什么事，也许是爸爸这一问，勾起了洁洁的伤心事，她的泪水夺眶而出。洁洁说："爸爸，我今天跟班上一个男生打架了。我承认错误在我，但是那个男生得理不饶人，一再找我麻烦。""那后来呢？"洁洁爸爸问道。"后来快下课时，老师回到教室，看到我在哭，就把我们俩叫到办公室。"洁洁爸爸"嗯"了一声。"老师把事情处理完，我们两个回到教室，刚要离开，那位男孩的妈妈来接他回家，那男孩就趁机说我骂他妈妈了。听到这话，他妈妈就用冷冷的眼神看着我，带着她儿子边走边说不要接近我这种没教养的女孩，不然就该学坏了。”“啊，他妈妈怎么会这样？”洁洁爸爸应声道。“当时我好委屈，难过地想你和妈妈要是在我身边多好啊。”说完，洁洁又开始哭了。“噢，是挺委屈的。”听完女儿的话，洁洁爸爸赶紧劝导和安慰她，洁洁的情绪终于渐渐平静了下来。后来，洁洁再提起那件事，说是爸爸当天的倾听和安慰的一些话给了她希望和好心情，让她有勇气自我检讨，从委屈和失落中走了出来。

倾听是亲子交流的一种方式，代表着平等与尊敬；倾听能加深孩子对父母的情感依恋，传达出爱的信号；倾听能增强孩子的安全感，帮助孩子自立；倾听能让孩子自我疗愈，消除不良心情。家长倾听时不仅要听孩子话语的表面意思，也要听孩子话语内部蕴含的意思；不仅要听孩子话语的意思，也要听孩子说话时的语气、语速、语调；不仅要听孩子说话时的语气、语速、语调，更要观察孩子说话时的表情、动作等肢体语言。家长倾听时，适当地运用语言进行回应，可以起到更好的效果。那么，倾听时应该如何正确用语言回应孩子呢？

1. 给予积极反馈

和孩子交谈时，家长要做个有修养的听众，用心聆听孩子的心声，用心走进孩子的世界，积极发现孩子谈话中的可取之处，并不时点点头、微笑，用“嗯”“噢”“对”等短语加以肯定；对于孩子的困惑，家长要给予合理的建议；对于孩子的失落，家长要表示出难过。

2. 及时澄清内容

孩子有时候会由于情绪激动而词不达意。这时，家长首先要稳定孩子的情绪，通过渐进诱导的询问方式帮助孩子把想说的问题表述清楚。比如，可以询问孩子：“这是什么时候的事？”“后来呢？”“再说一遍，好吗？”“你这个人很好说话是指什么呢？”等，这些提问可以帮助孩子把想说的话表达清楚。

3. 巧妙改变话题

家长如果在倾听时感觉到话题没有价值，不必马上皱起眉头或者激烈反驳，可以用转移注意的方法暗示孩子不希望再谈这个内容。改变话题常用的语言有“我倒想听听你对某方面问题的看法……”“我听说……你说呢？”等，让孩子不知不觉中跟着家长的思路走。

4. 委婉表达拒绝

家长在倾听时如果不赞成孩子的观点，可以用委婉的口气说：“这个问题值得我想一想”“我对这个问题的看法是这样的……”或者“似乎有另外一种说法……”这样，足以让孩子心领神会。这时候切忌据理不饶人，不必要的争论会打乱亲子和谐的交谈氛围。

5. 归纳概括信息

倾听结束时，家长有必要将孩子讲述的事实、情感以及通过非言语行为传递的信息进行分析综合，以概括的形式进行归纳总结，并向孩子表达出来。比如，“听你讲了这么多，我概括起来主要是这样几个问题，一是……二是……”，科学的概括既可以梳理孩子的观点，又可以帮助孩子清晰地认识问题。

倾听能够形成安全的沟通气氛，传递家长对孩子的关怀和爱护，帮助孩子克服恐惧心理，协助孩子解决问题，增进亲子关系。倾听绝不是被动地听，而是积极主动地听，是一种参与式倾听，是一个主动获取信息的过程。倾听时无论是提出一些问题，还是针对听到的内容和感受加以澄清和反馈，都是引导孩子说出内在的感受，找出问题的症结，疏解消极的情绪，使家长能走进孩子的内心世界，成为孩子成长和生活的向导。

接纳才是真的爱
——如何正确应用语言接纳孩子

人本主义心理学派代表人物卡尔·罗杰斯认为,亲子沟通的前提就是无条件地接纳孩子。所谓接纳孩子,就是让孩子感受到家长爱的是孩子的完整个体,而不只是孩子的某些局部。无论在悲伤、孤独或兴奋、快乐时,家长都愿意倾听孩子的内心,理解他的情绪和感受。

晴晴,女,13 岁,小学六年级学生。晴晴是一个多愁善感、敏感内向的女孩子。前天下午,学校组织社会实践活动,回校路上由于堵车,晴晴直到 5 点多才回到家里。一到家,晴晴就对爸爸说:“爸爸,今天路上堵车堵了很长时间,我好累呀。”“坐汽车回来,又不是走回来的,不可能累。”爸爸回应道。“我就是累了。”“你不累,就是有点饿了,洗洗手赶快吃晚饭吧。”“不,爸爸,我很累。”“你这孩子怎么这样的,难道晚饭不想吃了?”爸爸声音大了起来,谁知爸爸还没说完,晴晴竟躲到书房里去了。昨天早上,妈妈一定要晴晴穿上毛衣再去上学,晴晴对妈妈说:“妈妈,今天好热。”“今天比昨天气温低,不热,快穿上毛衣。”“不要嘛,妈妈,我感觉今天真的好热。”“你今天必须穿毛衣。”妈妈气愤得对晴晴吼了起来,谁知晴晴竟拿起书包冲了出去,头也不回朝学校走去。看到女儿这种不听话的情景,爸爸妈妈不知道该如何和孩子沟通。

如果家长能够正确辨识孩子的情绪,运用合适的语言表达对孩子的了解与关怀,会让孩子觉得温暖,情绪得到转化,思考恢复理性。如果家长不能运用合适的语言接纳孩子的感受,亲子关系就会疏远,孩子遇到困难就不愿意和家长分享或商量。那么,应该如何正确应用语言接纳孩子呢?

1. 认可孩子情绪

家长可以用"是吗""嗯,我明白了"或者重复一下孩了的话等方式认可孩子的情绪,获得孩子的信任。比如,孩子在超市里看到一双鞋子一定要买,而这超出了家长的预算,孩子生起气来,这时候家长可以说:"我知道你非常喜欢那双鞋子,说实话,我也很喜欢。但是现在钱不够,买不了这双鞋子,下次等我们带足了钱再买好不好?"孩子听到家长对自己的理解就会心情平复一些,就不会在超市里给家长难堪。

2. 回应孩子感受

及时用相同的感受回应孩子,孩子就会感受到家长的理解。常用回应的话有:"我很理解你现在的感受""我知道你很委屈""我知道你特别渴望""我知道遇到这样的事情的确让人很难受"等。家长及时回应孩子的感受,孩子才会说出自己的心声,才会愿意听取家长的建议或想法。

3. 探寻背后原因

每一种情绪的背后都是有一定原因的。如果家长能帮助孩子一起探寻情绪背后隐藏的真实原因,那么也就能跟他一起想办法解决问题,消除引爆情绪的导火索。比如,孩子遇到问题,心情沮丧地和家长沟通,家长可以担心地说:"孩子,怎么了,遇到什么问题了?说说好吗?"这样,孩子就会自然而然地说出遇到的困难。

4. 宣泄不良情绪

家长可以结合实际情况,引导孩子通过倾诉来宣泄不良情绪。比如,"你要是感到难过(害怕、生气),就跟妈妈讲讲。"再比如,"我小时候参加钢琴比赛时,非常担心比不好,你是不是也这样?"这样,孩子的不良情绪就可以及时得到宣泄,就不会通过胡乱地打人、摔物或者乱发脾气来发泄了。

5. 想象实现愿望

家长可以引导孩子通过想象愿望得到满足,来降低愿望背后的情绪强度,让孩子以更开放的心态接受替代解决办法。比如,“爸爸,我想吃苹果。”“真希望我们家里能有苹果。”“我就要。”“听得出你很想吃。”“我希望现在就能吃到。”“我真希望能给你变出一箱来。”“那实在没有,我就吃点香蕉吧。”再比如,孩子把颜料瓶打翻了,画布上变得乱七八糟,心情比较郁闷,家长可以笑眯眯地说:“要是能像孙悟空一样,吹口气就能复原就好了”。这时孩子的坏心情就会好转起来。

孩子对自己情绪的认识和掌控是一个漫长的过程,每一次的情绪体验都是他成长的机会。接纳孩子情绪不等于赞同孩子的情绪或看法,而是先接纳,再想办法改变。家长只有在接纳孩子情绪的前提下,通过合适的语言引导孩子,让孩子把情绪表达出来,孩子才不会因无助和挫折而情绪失控,遇到事情就不会惊慌失措、乱发脾气,就会尝试讲道理并寻求帮助。这样,孩子才能拥有强大的内在,变得通情达理,从容不迫。

积极关注促成长

——如何正确应用语言积极关注孩子

积极关注就是家长以积极的态度看待孩子，找到孩子语言和行为中的积极方面，发现孩子的特长，帮助孩子认识并利用自身的积极因素。缺少积极关注的孩子，自信不足，会为了维护自身尊严和身份不惜与家长对抗。

翼翼，男，15岁，初三年级学生。翼翼这几天过得并不开心，妈妈休了年假，专门在家里监督翼翼。每当翼翼在家里面看电视或者上网，妈妈总像念经一样唠叨："又在上网，又在看电视，学习要是有这个劲头就好了，写作业也没有见你这么上心，要是不趁现在赶紧把功课补上去，你就上不了好高中，将来就上不了好大学、找不到好工作……"；每当饭菜不好，翼翼难以下咽时，妈妈就会说："你不好好吃饭，不增加营养，将来就长不高，长不高的话今后怎么干活"；每当翼翼双休日早上睡懒觉时，翼翼妈妈就会唠叨："整天只知道睡觉，过了八点还不起床，也不起来帮妈妈做点家务，今后你成家以后，家里肯定乱七八糟的。"听到妈妈这样的"威胁"，翼翼觉得不胜其烦。

家长积极关注孩子时，孩子会感到是被尊重的，就会看到自己具有可利用的力量，激发努力改善的动机，建立起健康的自我形象。一个健康的自我形象不仅能够让孩子更好地和他人接触，还能够让孩子在不断了解世界的过程中表现出自信。缺少积极关注的孩子自我价值不高,要么盲目乐观,要么消极自卑,缺乏正确的认知。那么,应该如何应用语言积极关注孩子呢?

1. 积极关注孩子的语言

语言在传递思想过程中有着暗示的功能。家长要积极关注孩子的语言,正确引导孩子看待问题。比如,孩子说:"我今天作业很多,估计要做到10点钟,晚饭后就不和你们去散步了,想早一点动笔。"这时家长就可以寻找孩子语言中的积极方面,对孩子说:"好的,你真是一个有责任心、讲效率的好孩子,你早一点动笔,我想你会在10点前完成的。"听完家长的话,孩子就会抓紧动手,提高作业效率。

2. 积极关注孩子的行为

家长要从孩子的表现中发现积极的方面,肯定孩子的积极行为。比如,孩子告诉家长:"只要是在公开场合讲话,我就紧张得不行,脸也红了,说话也不连贯了。今天上课轮到我发言又是这样,虽然我事先做了很多准备,想让发言的内容更丰富,更有新意,可还是很紧张……"这时,家长可以这样引导孩子,"尽管你很紧张,但你还是坚持完成发言,这就很好。相信随着你今后准备得更充分,你的发言会越来越好的。"听完家长的话,孩子就会对在公开场合发言充满信心。

3. 积极关注孩子的特长

心理学家加德纳的多元智能理论认为,人的智能包括语言智能、数理逻辑智能、空间智能、身体运动智能、音乐智能、人际智能、内省智能和自然探索智能等,孩子会有在某一、两方面的智能特别突出。因此,家长要积极关注孩子的优势智能,发展孩子的特长。比如,孩子绘画得了奖,家长可以说:"孩子,这次你绘画比赛得了奖,说明你既有美术天赋又肯吃苦耐劳,只要你坚持下来,你的绘画一定会有所成就的。"这样的语言会让孩子对美术产生更加浓厚的兴趣,对学好绘画产生更加坚定的信心。

4. 积极关注孩子的不足

每个孩子都有不足,对孩子的不足家长要换个角度看问题,让孩子从不足中看到力量,增强信心。比如,孩子学习成绩不好,家长可以说:“你虽然成绩不太好,但是你很阳光嘛”;孩子身材不高,家长可以说:“虽然你身材不算高,但是你很有人缘嘛”;孩子不好好吃饭,家长可以对孩子说:“你是男子汉,要变得高大强壮,现在就要好好吃饭……”这样,可以有效转变孩子的关注点,激发孩子改正行为的动机。

5. 积极关注孩子的情绪

当孩子遇到困难或挫折,情绪发生变化时,家长不能置之不理,也不能把孩子大骂一顿,而应该积极关注孩子的点滴变化,通过聊天、运动、唱歌等方法帮助孩子宣泄负面情绪,调整心态,克服困境和挫折。比如,孩子最近和朋友发生了矛盾,情绪有些低落,这时家长温柔地和孩子来个身体接触,慈祥地和孩子来个眼神交流,深情地对孩子说:“人与人之间总会有矛盾,和朋友有误会是正常的,关键是要找到误会原因,消除误会恢复友谊。”这样,孩子就会寻找自身的问题,想办法与朋友续交,从低落的情绪中解脱出来。

家长用积极语言关注孩子并不意味着讨好或迎合孩子,也不意味着掩盖、忽视、回避或淡化问题,而是为孩子提供安全接纳的家庭环境,帮助孩子正视问题,使孩子在对自身“好”与“坏”的表现中挣脱出来,提高孩子的自尊心和自我效能感,更好地进行自我探索,获得自我成长。“只要用放大镜来找孩子的优点,闭上一只眼睛看孩子的缺点”,家长就会发现孩子一天比一天可爱,一天比一天懂事。

共情语言有层次
——如何由低到高应用共情语言

共情是指在与他人交流时,能进入到对方的精神境界,感受到对方的内心世界,将心比心地体会对方的感受,理解对方的意图,并对对方的感情做出恰当的反应。共情语言从低到高共分为五级,层次越高,共情语言的水平越高,对孩子的帮助越大。

鹏鹏,男,17 岁,高二年级学生。鹏鹏是一位颇有运动才能的男孩。昨天,学校举行一年一度的田径运动会,运动会结束后鹏鹏从学校回来,刚进家门,就生气地发牢骚:"老师有什么权力不让我参加今天的 4×100 米接力比赛,就因为 1000 米长跑没得奖,就不允许我上场,长跑是长跑,短跑是短跑,这样做太不公平了!"鹏鹏妈妈轻声说道:"这令你很生气。"谁知,鹏鹏竟朝着妈妈咆哮道:"我就知道,你会向着老师说话,说我活该!我不想听。"看到儿子情绪失态,鹏鹏妈妈走近气急败坏的儿子,用双手扶着孩子的肩膀,真诚地看着他,轻柔而坚定地说道:"孩子,你没听清楚我说的话,我刚才说,没参加接力比赛,觉得在同学面前很丢面子,你心里一定很难过,因为你是一个对自己要求很高的孩子,同时你也是一个想通过自己的努力提高运动成绩的孩子,妈妈理解你,也愿意和你一起讨论你所遇到的问题,看看我们可以做些什么来弥补。"鹏鹏当即愣住了,呆呆地看着妈妈几秒钟,随即挣脱开妈妈,跑到窗户旁往外瞅瞅,幽默地说了一句:"妈,今天太阳没从西边出来呀!"因为妈妈的这句话,鹏鹏情绪明显好转起来。吃晚饭时,他还自言自语道:"今天我要睡早点，明天可不能再迟到了，否则，又要坐冷板凳了。”看到孩子的表现，鹏鹏妈妈心里感到非常欣慰，想不到共情语言的作用竟然这么大。

共情是一种态度，是家长对孩子的关切、接受、理解、珍惜和尊重；共情是一种能力，能让家长充分理解孩了的心事，并把这种理解以关切、温暖、尊重的方式表达出来。恰当地运用共情语言，不仅有助于架设亲子沟通的桥梁，促进孩子的健康成长，也有助于家庭的和谐幸福。那么，应该如何由低到高应用好共情语言呢?

1. 一级共情语言水平——重点在问题

运用一级共情语言时，家长以问句或提问的方式说话，常问为什么？什么原因？或为什么？不在乎孩子的情绪感受。比如，“你不应该这样，你应该怎样。”或者语言中略有安慰：“没有什么大不了的，不要难过！”很显然，这是对深入沟通具有破坏性的语言，说明家长根本没有倾听孩子的诉说，忽略了孩子的感受。如果用公式可以这样表达：一级共情语言水平 = 问题 + 安慰 + 否认或建议 - 情感。这种共情语言水平层次最低，几乎对孩子没有帮助。

2. 二级共情语言水平——重点在内容

运用二级共情语言时，家长注重的是孩子语言中的内容和认知成分，忽视的是其中的情感成分。比如，“这件事情是怎么回事？”知道了情况后紧接着就是对事情发表自己的看法或评价：“我觉得你在这件事情上是不对的。”这时家长只是简单地重复孩子的表达，缺少情感的回应。用公式表达是：二级共情语言水平 = 内容 + 看法 - 情感。这也是较低层次的共情语言，对孩子帮助也不大。

3. 三级共情语言水平——重点在理解

运用三级共情语言时，家长理解孩子的语言，但没有指导，只是针对孩子语言中的情感与意义做出反应。比如，“当着这么多人的面批评你，这让你觉得很没面子，算了算了，下次注意点就是了。”这时家长的反应与孩子的表达内容是一致的，既包括对内容的反应，也包括对情感的反应，但只涉及孩子的表层感受，未探索深层感受。用公式表达是：三级共情语言水平 = 情感反应 + 情境反应。这种层次的共情语言对孩子有一点影响,也是家长最起码要达到的共情水平。

4. 四级共情语言水平——重点在指导

运用四级共情语言时,家长对孩子既有理解又有指导,能够很好地分辨孩子表层语言结构下所隐含的深层语言结构。比如,"在学校受到老师的批评,这让你很气恼,也很没面子,你也不想把事情搞得这么糟糕,如果有可能你会努力补救的,看看有没有什么办法补救一下呢?"这时家长试图理解孩子语言背后的意义,家长的感受已经超过了孩子的感受。用公式表达是:四级共情语言水平=情感+指导+深层语言结果的辨析。这种层次的共情语言,能够影响和帮助到孩子。

5. 五级共情语言水平——重点在行动

运用五级共情语言时,对孩子既有理解,又有指导,还有行动措施。家长在理解孩子的基础上,给孩子一个建设性的指导并提出具体的执行措施供孩子选择,这对于任何一个成长中的孩子来说都是必要的。比如,"考试没考好,你心里一定很难过,你担心父母会责怪你,也觉得在同学面前很丢面子,你不能原谅自己的失误,因为你是一个对自己要求很高的孩子,同时你也是一个想通过自己的努力把成绩赶上去的孩子,妈妈理解你,也愿意和你一起讨论你目前所遇到的困难,看看我们可以做些什么使自己更好。"这时家长的反应很深入、很准确,可以将孩子带入深入思考,并且指明了思考方向。用公式表达是:五级共情语言水平=情感+指导+行动。这种层次的共情语言,会感染到孩子,促进孩子行动。

任何一个孩子都有被家长关注的需求,被赞赏的需求,被喜欢被关爱的需求,被安慰、被人倾听并做出情感反应的需求和做错事情时被原谅的需求。如果这些需求不能得到满足或者是持续地受到阻抑的话,孩子就不能建立起很好的自我概念,不能发展出积极的认知能力,也就不会有一个很好的人际关系。家长学习共情语言,一个最重要的目的是学会与孩子很好地沟通,培养孩子健康的情绪和良好人际交往的能力。因此,家长学习共情语言,实际上负载着孩子一生的心理健康与快乐。

激励语言润心田

——如何正确应用语言激励孩子

鼓励,指激发,勉励,也指振作精神。鼓励是强化的一种方法。心理学家斯金纳提出的操作条件反射理论中，认为人或动物为了达到某种目的,会采取一定的行为作用于环境。当这种行为的后果对他有利时,这种行为就会在以后重复出现;当这种行为的后果对他不利时,这种行为就减弱或消失。当一个操作发生之后,紧接着呈现一个强化刺激时,那么这个操作的强度(概率)就增加。因此,要增强孩子的适宜行为,就要采用合适的语言激励孩子。

鑫鑫,男,11 岁,小学四年级学生。鑫鑫前几天参加作文比赛时,得了全校的第一名。放学后,鑫鑫兴冲冲地跟妈妈说:“妈妈,我全校作文比赛得了第一名。”当时,鑫鑫妈妈正忙于做饭,随口说了一句:“我早就知道你能做得很好的。”听完妈妈的话,鑫鑫显得有些失望。妈妈看到鑫鑫不高兴,赶紧又加了一句,“儿子,你真棒!”可是,鑫鑫还是显得没精打采,独自到书房做作业去了。鑫鑫妈妈立即赶到书房,对儿子说:“孩子,这次你作文比赛获得全校第一名,妈妈真为你感到骄傲。”妈妈刚说完,鑫鑫竟嘟囔了一声,“这次我得了第一名,你感到骄傲,下次我作文比赛成绩不好,你就不骄傲啦。”听完鑫鑫的话,鑫鑫妈妈竟不知道用什么方法来鼓励孩子了。

合适的语言激励孩子,可以促进孩子自信心和自尊心的发展,提高孩子的自我价值;反之,则可能使孩子骄傲自大,目中无人，还会自我怀疑，徒增压力，产生焦虑，甚至引起亲子矛盾或亲子对抗。那么，应该如何应用语言激励孩子呢？

1. 好话好说 不明褒暗贬

孩子产生优良的行为或者取得不错的成绩时，家长应及时进行鼓励，鼓励时要好话好说，多用一些正面的语言，比如，“你非常细心，一个都没错，了不起！”“你做得非常好，准确率非常高。”“你今天比昨天有了很大进步，坚持下去，明天还会有新的进步。”而不能明褒暗贬，语言中隐含着批评。比如，“你今天终于没有做错，了不起!”“全部做好了，很好。从明天开始不要再做错了!”“你这几天终于记住了自己该做的事，真是太阳从西边出来了!明天可别再忘了!”否则，会打击孩子的积极性，让孩子觉得家长总盯着自己的薄弱环节，总喜欢戴着有色眼镜看问题。

2. 强化过程 不专注结果

家长鼓励孩子时，要多说孩子努力的过程、鼓励的原因、内在的品质和家长的感受等，这才有利于孩子成长，比如，“这次你考了满分，爸爸妈妈发现你很细致，很努力，才有这么好的进步，这种品质，爸爸妈妈很引以为荣。”这样鼓励孩子，孩子今后做事会更加细致，更加努力；过分关注结果的鼓励，比如，“你这次数学考了满分，爸爸妈妈真以你为荣。”这样的鼓励会使孩子顺着家长的思路推理：我考了一个高分，爸爸妈妈就认为我是一个聪明孩子。如果我在考试中得了低分，他们肯定认为我是一个笨孩子。这种“以偏概全”式的鼓励，会使孩子错误地把一件事情成败的评价，当成了对自己整体的评价。

3. 具体明确 不泛泛而谈

家长对孩子好的行为和品质描述得越具体，孩子就越容易明白哪些是正确的行为，越容易找准努力的方向。比如，孩子看完书后，自己把书放回原处，摆放整齐。如果这时家长说：“你今天表现不错。”表扬效果就会大打折扣，因为孩子不明白“不错”指什么。如果家长说：“你把书柜收拾得这么干净，一本本都放得这么整齐，我很高兴!”孩子及时整理图书的行为就得到了正面强化，长此以往孩子的整理习惯就会固定下来。

4. 注重认同 不盲目比较

家长要认同孩子的表现，帮助孩子形成正确的自我评价，获得愉快的心理体验，产生好的激励作用。比如，“你是个聪明孩子，成绩正在进步。”如果家长盲日比较，比如，“你做得真棒，比××强多了。”“你居然得奖了，真是妈妈的骄傲!你以后一定还能得到更多的奖!”这样的鼓励就会成为孩子身上的“包袱”，成为孩子的“紧箍咒”，给孩子造成心理压力。

5. 实事求是 不浮夸无度

家长鼓励孩子要实事求是，比如，“你坚持不懈，花了很长时间做出这道难题，真给力。”这种基于事实的鼓励会让孩子收获自尊与自信，提升自我价值。如果家长鼓励时浮夸过度，比如，“你坚持做出了这道难题，你是世界上最棒的孩子，你比任何一个孩子都聪明。”孩子就会认为自己“十分完美”，以后只愿听好话，不能听批评，而且经不起一点挫折。

约翰·杜威曾说：“人类本质里最深远的驱策力就是希望具有重要性，希望被赞美。”心理学研究证明，每个人都有渴望被尊重、被认可的精神需求，一旦这种精神需求被满足，人就会充满自信和动力。事实也是这样，家长一个真诚的鼓励，一段善意的语言，一束期待的目光，一句恰当的评价就像一缕春风，会滋润孩子的心田，拉近亲子的距离，改变孩子的态度，唤起孩子学习的热情，激励孩子去攀登科学高峰。

提醒要比说教好

——如何正确应用语言提醒孩子

在日常生活中,家长总喜欢说教和命令孩子,说教和命令在孩子小时候确实起到了一定作用,但随着年龄的增长,孩子的独立意识和成人意识迅速增强,孩子往往会很反感家长的说教和命令。

叶叶,女,16岁,高一年级学生。最近叶叶和爸爸关系搞得很紧张,叶叶经常顶撞爸爸。上周末,爸爸正在客厅整理全家的衣服,叶叶做完作业来到阳台放松,没有随手把门关上。只见一阵风吹过来,把爸爸刚叠好的衣服吹乱了,还有几件背心吹到了地上。爸爸马上就责备叶叶:"你又没随手关上门,怎么老这样? ……到底怎么回事?你就不能做得好点? ……告诉过你多少遍了,要随手关门。你从来就不听。"谁知叶叶竟和爸爸顶起嘴来:"我怎么老这样啦,不就是把衣服吹乱了嘛,用得着这么骂人嘛。"前天晚上,爸爸在打扫卫生,爸爸看到叶叶房间内凌乱不堪,床上堆满了试卷,床下都是纸屑,床头柜上还有脏衣服,非常恼火,大声命令叶叶:"你看看你房间乱糟糟的,简直就是猪窝,你必须在十分钟内打扫干净。"谁知叶叶一动也没动,对着爸爸很不服气地说:"我的房间乱糟糟关你什么事,难道你生的是猪。"看到女儿这种事事对抗的样子,爸爸都快拿她没办法了。

有些家长看到说教和命令失去作用,仍不愿付出的时间、精力和耐心来与孩子沟通,反而采用更粗暴的方式来对待孩子,比如:责备、谩骂、威胁、警告等。这样,往往激起孩子更大的反抗,导致亲子关系非常紧张，孩子不愿意配合家长，产生顶撞、离家出走、自我封闭等问题行为。那么，应该如何正确应用语言来提醒孩子呢？

1. 描述现象

当家长不断指责孩子问题的时候，孩子往往会有抵触情绪，产生亲子冲突。其实，这时候家长通过向孩子描述看到的问题或现象来提醒孩子，往往会取得意外惊喜，因为家长描述看到的问题或现象的时候，其实也间接告诉了孩子该怎么去做。比如，家长对孩子讲："你真浪费，开了水龙头，总是忘记关，你想发大水啊。"孩子往往会抵触。如果家长告诉孩子"水池中的水快溢出来了"，孩子就会配合关紧水龙头。

2. 友情提醒

接受提醒比接受谴责容易得多，当家长给孩子提醒的时候，孩子往往就知道该怎么做了。比如，孩子床上的书本乱糟糟，家长如果说："你床上怎么这么乱，简直就是猪圈。""你从来都不帮我干点家务活！"孩子往往会反感。如果家长告诉孩子："书本应整齐地放在书柜里。""我现在需要有人能帮我收拾一下餐桌。"孩子就会自动地收拾整理。

3. 简单表达

孩子不喜欢说教和长篇大论，对他们来说，越短越容易记住，越有效。比如，孩子把淋湿的衣服放在了房间里，如果家长说："你把淋湿的衣服放在了房间里，你想发霉发臭啊，你想烂掉地板啊"，孩子往往会无动于衷。如果家长用简单的词语说："湿衣服，洗衣机。"孩子就会知道湿衣服放错了地方，会自觉拿到洗衣机中。

4. 说出感受

家长真诚表达自己的感受，孩子就愿意听取家长的想法，自动和家长配合。比如，"我不喜欢瓜子壳堆在桌子上。"比"你怎么这么懒惰，瓜子壳随意堆在桌子上"要有效得多，孩子更愿意接受家长的建议。

5. 书写便条

口头语言往往啰唆唠叨、带有明显的情绪色彩，往往是孩子反感的理由；书面语言具有言简意赅、情绪成分少的特点，孩子更容易接受。比如，晚上孩子一直在看电视、打游戏，到了八点还没有做作业，这时家长不妨写一张便条："孩子，晚做作业会影响睡眠。"孩子看到便条，就会意识到自己行为的不恰当。

语言具有亲和力，也具有杀伤性。如果家长多用提醒的语言，给予孩子合适的建议，建立一种融洽的情感氛围，孩子就会与家长配合。如果家长语言运用不当，指责或嘲笑孩子，就会伤害孩子的自尊，给孩子的心灵带来阴影，影响孩子的健康成长。

忠言也须好好说
——如何正确应用语言批评孩子

批评是家长对孩子的缺点、错误提出否定性的意见，它能使孩子知美丑、辨善恶，明是非。任何批评，其根本目的不仅在于抑制孩子的过错行为，更重要的在于激发孩子的良好行为，批评是为了今后不再批评。因此，家长批评孩子时，不仅要注意批评的方法，而且要讲究语言的艺术。

冰冰，女，15岁，初三年级学生。冰冰是一位颇有艺术才华的女孩子，不仅钢琴弹得好，而且舞也跳得好，可是最近却与妈妈闹起了矛盾。上星期六下午，妈妈去接正在学舞蹈的冰冰时，冰冰正在换下演出服。看到冰冰拖拖拉拉，妈妈忍不住说："磨蹭什么？赶紧换你的衣服……你傻呀，先脱了舞蹈裙……愣什么愣，做什么都这么慢……""快点上厕所去"，"回来回来，你的鞋子呢？不穿鞋子就去啊，白痴啊！……自己把羽绒服穿上出来吧……"一连串刺耳的声音从更衣室传来，只见冰冰面无表情，对妈妈的斥责似乎无动于衷，眼睛盯着一处。昨天晚上，妈妈看到冰冰在弹练习曲时，总是弹错音，后来竟然发现钢琴坏了。妈妈自然很生气，那可是几万块钱买的钢琴呀，脱口而出："你怎么这么笨，学了这么久了，这么简单的曲子都不会弹，还学什么琴？钢琴也坏了，你真是成事不足，败事有余！"冰冰委屈地说："我每天都在练，可还是练不好。我也不知道钢琴会坏……"冰冰妈妈继续气呼呼地说："你就是不用心，这样下去，你什么事情都做不好，还想做钢琴家呢？做梦吧！真是不当家不知柴米油盐贵，钢琴坏了还推卸责任，太让我失望了！”冰冰的眼泪像断了线的珠子，眼睛哭得又红又肿的。自此以后，冰冰变得越来越内向，越来越自卑，越来越不愿与妈妈说话了……

家长用否定、偏激的语言打击孩子，老是说孩子这不行那不行的时候，孩子往往会受到消极暗示，不仅自尊心受到伤害，而且会对自己的能力产生怀疑。那么，应该如何正确应用语言批评孩子呢？

1. 间接提醒

不少家长总喜欢批评孩子，比如，“你上课不注意听讲，课后不认真复习，难怪成绩会有这么大的退步”这些语言往往会让孩子很不舒服。如果家长以间接提醒代替直接批评，委婉表示对孩子的要求，比如说：“如果你能进一步抓好课堂听讲和课后复习两个环节，相信你的学习成绩会提高更快”。这样，孩子会更乐于接受。

2. 风趣幽默

幽默既妙趣横生，令人发笑，又意味深长。在批评过程中，使用富有哲理的故事、有趣的双关语、形象的比喻、诙谐的发言等等，可以使批评在轻松愉快的气氛中进行，收到事半功倍的效果。比如，孩子起床晚了，家长可以说：“对不起，今天我又比你起早了。”再比如，孩子没有在横线上写字，而是写得一边高，一边低，家长可以说：“一行白鹭上青天……”这些幽默的批评更能给孩子留下深刻印象。

3. 先扬后抑

卡耐基曾说过：“听到别人对我们的某些长处表示赞赏后，再听到批评，心里往往好受得多”。因此，家长批评孩子也要先肯定其优点，然后指出其不足，再进行激励。这样，孩子不但容易接受，而且还会增添前进的信心和勇气。比如，孩子打扫了房间，但是没有把垃圾倒掉而是堆放在房门口，家长可以先表扬：“今天的房间扫得很干净”，接着批评：“可惜垃圾没有及时倒掉，”再是激励：“我相信以后你一定会及时倒掉垃圾，注意房间内外整洁的。”相信孩子听完家长的话，会改正这个缺点的。

4. 迂回曲折

迂回曲折的批评方式既保护了孩子的自尊心，又利于孩子改正不足。比如，家长说："你没有准时回家，奖励你一次劳动的机会。"比"你没有准时回家，罚你洗碗。"听起来要舒服得多；再比如，"改掉一个坏的习惯真不容易，再写几遍吧，你能行！"比"看你这作业乱七八糟的，再写十遍"孩子更容易接受。

5. 声东击西

声东击西就是以一些现象、案例或故事来间接批评孩子。比如，针对孩子浪费粮食现象，家长可以带孩子到农村体验生活，让孩子看田间地头农民头顶烈日，挥汗如雨地插秧的情景，然后问："你看到了什么？"孩子答："农民在栽秧。""秧苗最后结什么？""结稻穗啊！""稻穗轧成米粒，每一粒米粒都凝聚着农民的汗水啊！"孩子听完自然就会明白家长的良苦用心，自觉改正浪费的坏习惯。

良药苦口利于病，忠言逆耳利于行。如果家长批评不当，孩子就容易产生逆反心理和对抗情绪，导致亲子关系疏远，心理发展受挫，不利于孩子的健康成长。所以，家长运用批评语言要做到恰当准确，切不可上纲上线，乱发脾气，把握好说话和做事的分寸，让孩子在家长的批评中，感受到的不仅是合乎情理的严厉，还有充满人情味的关怀。只有这样，孩子才会在接受批评中明白自己的过失，才会有利于孩子今后的成长。

实施惩罚讲方法

——如何正确应用语言惩罚孩子

惩罚表示惩戒、责罚、处罚;适当的惩罚可以对孩子起到警示作用,它与体罚不同。体罚是指通过对人身体的责罚,特别是造成疼痛,来进行惩罚或教育的行为。体罚是一种非常没有效果的教育方式,不仅剥夺了孩子从内心深处反省和修正自己错误行为的过程,减轻了孩子对错误行为的内疚感,孩子会认为体罚可以抵消所犯的错误,可以心安理得地重复自己的错误,常常会让孩子的行为朝着相反的方向发展;体罚也助长了暴力,家长在带给孩子痛苦的同时,也树立了一个坏的榜样。

成成,男,13 岁,初二年级学生孩子。成成是一位活泼好动的孩子,进入初中以后经常惹是生非,爸爸妈妈拿他没辙。前天放学后,成成飞快地跑下楼梯,骑上刚买的自行车冲出校园。来到校外,离开了老师的视线,成成开始表演起骑车特技,只见他张开双臂,双手脱把,一边踩着车一边唱着歌。正当成成得意忘形时,前面弄堂口突然窜出一条小狗,只见成成赶快刹车,手忙脚乱之中摔倒在地上,所幸只是摔坏了自行车,身体并无大碍,成成只能推着自行车走回家。回家后,成成爸爸看到新自行车摔成破车,顿时火冒三丈,冲着成成大声吼叫:"你一天到晚顽劣不化,调皮捣蛋,惹是生非,刚买的自行车又被你摔坏了,看我怎么收拾你。"边吼边朝着成成头上一顿猛打。成成看到爸爸动怒,吓得赶快逃出家门,躲到外面去了。

家长不能把孩子看作麻烦的制造者，要看成解决问题的积极参与者，要在尊重和信任孩子的前提下，通过替代方法来惩罚孩子，通过合适的语言来警醒孩子，培养孩子内在的自制能力、自我激励意识以及主观能动性。那么，应该如何正确应用语言惩罚孩子呢？

1. 说明不同意见

家长对孩子所犯错误必须说明不同的意见，说明时语言要简短清晰，绝对不能啰嗦唠叨，比如，“我们刚给你买的自行车被你摔坏了，我们很生气。”这样表明态度，不会打击孩子的自尊，可以让孩子感到自己是受尊重的家庭成员。绝对不能通过蔑视或冷漠来反对孩子，不能让孩子在人格中掺杂过多的负疚感和嫌弃自我的成分。

2. 表达家长期望

家长的期望可以促使孩子反省，提供孩子努力的方向，比如，“我们希望刚买的自行车，你能够爱护好，能骑较长的时间。”这种期望不能太高也不能太低，期望太高容易使孩子产生反感；期望太低不能让孩子从家长的期望中受到教育。

3. 体验自然后果

体罚的目的是为了教训孩子，故意追加孩子的痛苦；承受自然后果的目的是让孩子吸取教训，避免类似错误的发生。比如，“自行车摔坏了，我们不会立即买给你，你暂时只能步行去学校。”孩子从步行之中就能体验到骑自行车的好处。

4. 提供孩子选择

在恰当的时候，家长提供孩子有限的选择，比如，“你是愿意爱护好自行车呢，还是愿意步行去学校呢？”这种选择实际上是给孩子的行为设置界限，这种界限就好像桥梁两侧的护栏，护栏之间的距离可以随着孩子年龄的增加而拉大。

5. 妥善解决问题

家长要相信孩子能够找到既出色又有效的解决办法，可以先启发孩子思考和说出解决问题的方法，然后找出其中最好的方法，跟踪孩子的执行。比如，“我们来想个办法，既让你能继续骑自行车，又能让你守规矩。”“你权衡比较下来，这种方法最好，相信你会执行好的，你愿意接受我们的监督吗？”等。

17世纪捷克著名教育家夸美纽斯在他的《大教学论》中明确指出：“我们可以从一个无可争辩的命题开始，就是犯了过错的人应该受到惩罚。他们之所以应受惩罚，不是由于他们犯了过错，而是使他们日后不再犯。”家长应该认识到惩罚的目的是让孩子体验做错事情的后果，让孩子意识到行为需要改进，而不是仅仅因为恐惧而不敢再犯错。所以，真正的惩罚是让孩子进行自我反思，认识到错误，进而改进自己的行为。如果没有达到这个目的，实施惩罚就没有任何意义。

有的放矢提问题

——如何正确应用语言提问孩子

提问是指在一定的情境下，家长向孩子提出问题并期望孩子积极反应并作答的行为。提问是亲子沟通的主要形式，是信息交流的重要手段，是一项设疑、激趣、引思的综合性艺术。

超超，男，12岁，初一年级学生。超超自从进入初一年级以后，经常一个人躲到房间里，不愿和爸爸妈妈多交流。爸爸妈妈问些学习方面的事情，超超总是沉默以对；爸爸妈妈问些生活方面问题，也总是问不出什么答案，不知道孩子在想什么。昨天超超放学回到家，爸爸问超超："今天在学校表现得怎么样?""上课发言了没有?""今天学了什么？"超超对爸爸妈妈的提问爱理不理，多问了几句，就躲到书房写作业去了。昨天晚上，妈妈看见超超数学试卷上的成绩只有82分，就问超超："最近你数学学习怎么啦？""数学考试为什么只考了82分？"谁知超超竟又一声不响，躲进了房间里。

不同的问话体现了家长不同的教育观念和方法。"今天考试多少分？谁比你考得好？""今天作业多不多？"这样的提问显示了家长比较关注孩子的学习情况。"今天和大家玩得高兴吗？""今天有什么有趣的事吗？"这类的提问则把注意力更多地放在孩子的情绪情感、兴趣、能力以及孩子自身成功感的建立和与伙伴关系交往上。前者的关心本来是无可厚非的，但是问多了会让孩子逆反；后者的提问，更容易让孩子有交谈的欲望，会让孩子对自己的所作所为有所感触，并且会对今后的学习生活产生向往。因此，合适的提问，有助于开发孩子的思维，有助于增进亲子关系。那么，应该如何正确应用语言提问孩子呢？

1. 营造和谐愉快氛围

心理学认为：如果孩子处于兴奋的、愉快的状态，他接受外面信号的速度就会非常快捷。比如，"你今天心情较好，能否说得具体一点？""你今天很高兴，能告诉爸爸妈妈什么原因吗？"等，家长这样提问，可以营造一种和谐愉快的气氛，让孩子时刻处于一种轻松的情绪中，乐意回答家长提出的问题。

2. 认真设计所问问题

家长需要精心设计问题，构思巧妙的问题能够了解孩子信息，激活孩子思维，启发孩子去探索发现，获得知识。反之，则会使孩子厌烦。家长在设计问题时要力求精当，"精"指的是精炼扼要、言简意赅，"当"指的是得当，所提问题要富于思考，有一定的思考价值。比如，"你怎么看待这件事情？""你是怎么应对的？"等，这样的提问可以促使孩子思考，帮助孩子成长。

3. 激发孩子回答兴趣

与孩子谈论他所感兴趣的事情，这是孩子最兴奋的事，同时会让孩子感到家长对他很重视。比如，家长问"告诉我，你今天最高兴的一件事是什么？最不高兴的一件事是什么？"比问"你今天在学校里做了什么？"要好得多。这样的问题可以激发孩子的回答热情，调动孩子回答的积极性。

4. 多采用开放式提问

家长提问时最好使用开放性的语言，多问几个"为什么"，而不要用"是不是"这类封闭性的语言。因为，封闭性的提问容易造成孩子思维的惰性，而问"为什么"，会让孩子通过自己的思考，表达自己的想法，有助于孩子开阔思维，丰富想象力。比如，"你最近学习了三角形，说说拍照时为什么要用三脚架，而不用两脚架？"

5. 乐于做一个好听众

从某种意义上说，孩子向家长敞开心扉的程度取决于家长倾听的态度。家长倾听孩子问题时，首先，要全身心地投入，适当回应，比如，“这件事真的令你很郁闷，对吗？”其次，不要经常用提问和评论打断孩子；再次，如果时间不够，可以和孩子约一个时间，下一次再谈。比如，“爸爸三点要开会，现在我必须要走了，我下次再来听你说，好吗？”最后，认可孩子的感情。有时当孩子遇到不愉快的事情时，家长要表示自己的理解，这是家长与孩子能否进行成功交谈的一个前提条件。比如，孩子说：“我真想打马林一巴掌。”“孩子，你生气了？”“我真想狠狠打他那张脸！”“你这么生他的气啊！”等。

家长科学地设计并进行提问，把握提问的“度”和时机、对象，可以创造积极的沟通气氛，充分发挥提问的效能，激发孩子回答的动机和兴趣，让孩子有话想说，有话能说，有话尽说，通过提问提高孩子寻找问题、思考问题和解决问题的本领。

澄清语义有技巧
——如何正确应用语言进行澄清

澄清是家长引领孩子把模糊不清的讯息或不甚清楚的陈述做更详细的解说，使比较模糊的讯息转化为清楚、具体、明确的讯息。孩子在紧张、生气或愤怒时，往往不能清楚地表达意思，大部分问题描述得比较概括或模糊，自己也往往深陷在困惑之中。

佩佩，女，12岁，小学六年级学生。佩佩最近和同桌闹起了矛盾，周一回家对妈妈说："我很难受。"妈妈问："很难受是什么意思？怎么个难受法？"佩佩大声说："心里不高兴，烦！""你能说一说发生了什么事使你有这种感觉？"妈妈继续问。"我同桌偷看我日记。我说对她的行为不满意，她还很生气。"佩佩回答道。"你同桌经常偷看你日记吗？""那倒没有，只看了一次。""她是从哪里拿到你日记本的？""我放在桌子上准备写日记，被她看到了。""她故意看的吗？""倒不一定是故意的，也可能她无意中瞧到的。"听完妈妈的话，佩佩意识到了自己的问题，情绪稳定了下来。才过了三天，佩佩回家又对妈妈说："她看不起我。""她是谁啊？""我同桌。""她的哪些表现你觉得她是看不起你的？"妈妈问道。"她说我长得像大花猫，还问我是不是偷鱼吃了？""她经常这样称呼你吗？""嗯……也没有几次。""她这样称呼你有没有影响到你的学习？""没有。""影响你吃饭、睡眠吗？"妈妈继续问。"没有。""那有什么难过的，同桌只不过和你开个玩笑。"听完妈妈的澄清话，佩佩的心情好了很多。

家长科学运用语言澄清孩子的话语，不仅可以更深入地了解孩子的想法、感受、行动或经历的情境，确切明白孩子的意思；而且能够引导孩子挑战语言中的不足，探索说话中的逻辑，从而掌握有效思考的技巧，对想要表达的问题、处境有较清楚的了解，帮助孩子从困惑中走出来。那么，应该如何正确应用语言进行澄清呢？

1. 澄清省略内容

孩子在语言表述中把有些内容省略了，家长不知道孩子想表达些什么，有必要询问被省略的内容。比如，孩子说："我很伤心。"家长可以问："你对什么感到伤心？对谁感到伤心？"

2. 澄清模糊代词

孩子话中使用的代词指向不明确，家长可以进一步追问。比如，孩子说："他们根本不重视我的作品。"家长可以问："他们是哪些人？到底谁不重视你的作品？"

3. 澄清模糊动词

孩子说话时使用的动词抽象、不具体，家长无法知道其具体含义，有必要进一步澄清。比如，孩子说："小明惹怒了我。"家长可以这样问："小明怎么惹怒你了？是抓你、打你、骂你，还是用其他方式侵害你？"

4. 澄清绝对言辞

当孩子使用总是、决不、所有、毫无、人人、没人等过度泛化的言辞时，家长可以夸张质疑或者询问矛盾经历。比如，孩子说："没有人关心我。"家长可以质疑孩子："在这个世界上，是不是任何一个人都不关心你？"

5. 澄清强加限制

当孩子使用不能、必须、不得不、应当等暗示毫无选择余地的词语时，家长可以要求孩子对所说的话做出解释。比如，孩子说："我非常想去，但是我不能去。"家长可以问："噢，你不能去，到底是什么人或什么事阻止你不能去？"

家长和孩子沟通时，孩子由于社会经历欠缺，语言表达能力不强，所叙述的事件、情感常常是模糊的、不具体的，给自己也造成了很大压力。家长的首要任务就是协助孩子清楚、准确地表达观点、概念、体验到的情感和经历的事件,包括问题如何出现,出现时有哪些思想、感受及行为,是否经常出现,维持多久,问题发生前后发生了什么事情,问题对孩子生活和情绪影响的程度如何等等。只有在了解了问题真相的基础上,才能找到解决问题的方法,拟定解决问题的计划,使亲子沟通顺利进行,促进孩子健康成长。

语言暗示讲方法

——如何正确应用语言暗示孩子

语言暗示是指通过语言对人的心理施加影响的过程，暗示的结果是使受暗示的人在心境、情绪、兴趣、意志方面发生变化。心理学中有一种皮格玛利翁效应，起源于美国心理学家罗森塔尔和雅各布森做的一个有趣的试验。罗森塔尔和雅各布森都是教育界名人，有一次他们来到一个学校，将学生名单上本来很平常的学生说成是将有不凡表现的学生。结果，当两位名人离开后，老师自然格外关注被两位专家点名的学生，对他们投以赞美和信任的目光，态度亲切温和，即使他们犯了错误，也没有严厉指责，而且通过赞美他们的优点来表示相信他们能改正缺点。让人出乎意料的是，8 个月后竟出现了令人惊人的奇迹，被点名的学生个个学习进步、性格开朗活泼、求知欲强。

然然，女，12 岁，小学五年级学生。然然是一位聪明伶俐、美丽可爱的女孩子。上星期天上午，然然爸爸看到然然在玩弄手机，就说："你作业也不做，整天只知道玩手机。"谁知然然竟越玩越高兴，一直玩到中午。星期一上午，然然爸爸接到老师的电话，反映然然星期天不仅口头作业没做，书面作业也有很多空白；星期三晚上，电视机里正在播放《西游记》，然然扔下碗筷，蹲在电视机前津津有味地看了起来，然然爸爸看见女儿在看电视，就着急地对女儿说："你电视看到很晚，作业什么时候做？"谁知然然一动也不动，直到将近9 点才坐到了书桌前。然然爸爸不知女儿为何出现这种现象。星期六下午，然然妈妈到美术辅导老师那里接然然，然然看见妈妈出现在门口，高兴地拿着自己的作品跑到妈妈面前问："妈妈，看我画的画漂亮吗？"然然妈妈接过来看看，像发现了小天才一样，用很惊讶的口气说："孩子，你画得好漂亮！"说得然然心理美滋滋的，然后指着然然所画的内容一一问是什么，然然兴奋地给妈妈介绍，还说下次要画得更好。看到然然在妈妈面前的高兴劲，爸爸想到然然在自己面前判若两人，不禁陷入了深深的思考之中。

语言暗示最大的特点就是"暗"，家长在潜移默化、不知不觉中用自己的语言去影响孩子。正面的语言暗示能让孩子形成自信、乐观、积极向上的精神面貌；负面的语言暗示则能使孩子消极、自卑，形成消极的人生态度和行为方式。那么，应该如何正确应用语言暗示孩子呢？

1. 顺势而为

家长先跟着孩子的思路，说出孩子的想法和行为，再顺势把孩子带到家长要引导孩子做的行为上。比如，孩子和伙伴闹矛盾，心中感到非常郁闷，家长可以这样引导："你坐在椅子上，闭上眼睛，放松一下心情，想象一下一旦两人和好，会出现什么样的情景？"这样孩子就会在不知不觉中受到家长语言的启发，主动想象与伙伴和好的景象。

2. 改变方向

家长改变孩子话语中的时间或思维，可以引导孩子做更深入的思考。因为时间和思维改变了，事情的意义便会有所不同。比如，孩子说："我不会游泳。"家长问："你是说到现在为止你还未学会游泳？"孩子继续说："我不知怎样做。"家长接着问："你仍未找到办法？""是啊，没有办法。""你是指你知道的办法都没有效果吗？"这样，孩子就会明白不会游泳不是方法问题，而是训练问题。

3. 指明目标

家长在和孩子沟通时，通过一些虚词可以让孩子潜意识中收到不同暗示和推动的效果。比如，"人生路程中，经常会有困难，但是我们所拥有的能力,足以克服它们。”“人生路程中,经常会有困难,同时也有快乐和满足。”“如果你的成绩进步了,你就能评三好学生。”“当你成绩提高了,你就可以评三好学生。”等。

4. 隐藏建议

如果家长简单直接地给孩子建议或命令,孩子可能会产生逆反心理,对抗家长的要求。如果家长把一些建议或命令隐藏在语言中,也可以对孩子起到暗示作用。比如,孩子做作业时比较潦草,家长可以这样告诉孩子:“很多人认为作业本整洁干净才舒服, 不知你是否也一样? ”再比如,家长要孩子记住亲子同过生日的情景,可以这样说:“你不用经常有这份良好的感觉,只要在需要的时间使它涌现便足矣。”

5. 做出选择

家长可以在语言中提供两个选择,暗示孩子完成同一项任务。比如,“你想现在开始做作业呢,还是喝完这杯水再开始做作业? ”“你想电话里和爸爸谈呢,还是等爸爸回来后再面谈呢? ”

语言的力量是非常强大的。每个孩子在开始学做事时肯定做得既慢又不好,这时家长应该让他们多尝试,并耐心指导,多用积极的语言暗示,这样孩子在家长的期望下就会取得进步。对于孩子存在的缺点,家长不能经常唠叨数落,更不能当着其他人的面批评和数落,因为这样不但起不到教育作用,反而间接给孩子提了醒,起到负面强化作用,并让孩子对自己的不良行为产生认同,潜意识中固化自己的行为方式,失去前进的信心,缺乏上进的动力。

巧用语言促独立

——如何正确应用语言促进孩子独立

孩子不是家长的翻版或者延伸，而是一个独立的人，是与家长有着不同性情、不同品味、不同感知、不同期望和不同梦想的个体。家庭教育一个很重要的目标就是家长运用语言艺术激励孩子独立，帮助孩子成为一个独立的个体，让孩子做自己的事情，亲自经历各种问题带来的挣扎，在不断实践和改正错误中成长。

盼盼，女，15岁，初二年级学生。盼盼是家里的独生子女，爷爷奶奶护着她，爸爸妈妈由着她，堂哥堂弟让着她，几乎过着“衣来伸手、饭来张口”的生活，从小就任性蛮横。盼盼一遇到数学难题，就求救高中毕业的奶奶，每天晚上总能听到：“奶奶，快来啊，这道题难死了。”盼盼奶奶有求必应，“孩子，没关系，奶奶来帮你。”书房里总能看到奶奶教盼盼的身影。按道理盼盼在奶奶的精心辅导下，学习成绩要有明显进步，可是期中考试成绩一出来，盼盼又是位于班级中下游，盼盼奶奶百思不得其解。前一阵，盼盼奶奶去美国女儿家里住了两个多月，看到女儿邻居教育孩子的情景，看到美国孩子独立精神都很强，很有感触。奶奶一回国，盼盼还像以前一样缠着奶奶问问题，盼盼奶奶这时就会说：“你这个问题有点难，你能否从老师课堂或书本上的例题中受到一点启发呢？试试看，我相信你能行。”盼盼在奶奶的鼓励下，重新复习了书本和笔记本上的例题，独自把问题解决了。

如果家长语言中过分保护和溺爱孩子，就会人为地造成孩子婴儿化心理期的延长，干预了孩子独立性的形成，孩子随之而来的是没有能力、没有价值感、挫败、怨恨和生气，影响孩子成长。那么，应该如何正确应用语言促进孩子独立呢?

1. 鼓励孩子尝试

家长鼓励孩子尝试时，应告诉孩子“这件事情有点难”，这样孩子成功了就会有成就感，失败了也不会有挫败感。比如，“把字写好不容易”“这道习题是有点难。”如果孩子经过努力以后还是没有完成任务，家长这时可以用“有时候……会好些”的语言给孩子一点提示或建议。比如，“有时候把身体坐端正了写字，写出来的字会好些。”“有时候多阅读题目，多分析题意，对解决难题会有帮助。”

2. 语言简单清晰

家长狂轰滥炸地追问孩子问题，孩子就会感到非常心烦，产生逆反情绪，不利于孩子独立的进程。比如，“今天第几节数学课?”“讲了哪些内容?”“你记了哪些笔记?”“课上有没有认真听讲?”孩子会从家长的问题中感觉到不信任。所以，家长的语言表达要简单清晰，帮助孩子独立。

3. 学会耐心等待

在孩子的成长过程中，会遇到各种各样的困惑或问题，家长对孩子的问题不要着急回答，称赞孩子、重复问题或反问孩子可以促进孩子进一步地思考。比如，“你问的这个问题很有质量，爱因斯坦曾经也问过这个问题。”“你想知道方程是怎么解的?”“你对解方程是怎么想的?”孩子寻找答案的过程和问题本身一样有意义。

4. 善用外部资源

家长要告诉孩子外界有很多资源可以利用，只要有需要，总能找到帮助。比如，“你可以和同学一起讨论一下这个问题。”“你可以请教一下老师。”“你可以在参考书或网上学习相同的内容。”等等，所有这些外界资源会给孩子很多有用的信息。

5. 呵护孩子梦想

生活的很多乐趣来自梦想、幻想、期待和计划，孩子放弃希望，也就失去了实现梦想的人生经历。因此,家长要千方百计呵护好孩子的梦想。比如,“你会成为一位解题高手的。”“你试试数学课代表看,这会是一个不错的经历。”“你希望成为数学王子,给我具体说说”等。

孩子的依赖行为是孩子心理需求的表现,是孩子为了获得满足感和安全感的一种防御行为。孩子依赖家长不仅不利于孩子的社会性发展,长此以往孩子往往情绪脆弱,少言寡语,对所学知识缺乏兴趣,语言表达能力的发展受到一定的影响;而且不利于养成孩子的独立性,解决问题的能力也会相对缺乏;还不利于孩子创新能力的培养,使孩子缺乏好奇心,不敢尝试新事物。因此,作为家长,要通过语言艺术把爱、体力、智慧和经验教给给孩子,让孩子带着内在的勇气和力量离开家长,独立自主地走向社会。

幽默就是保鲜剂

——如何正确应用幽默语言

苏联教育家斯维特洛夫曾说过:“教育家最重要也是第一位的助手,就是幽默。”幽默的语言可以使孩子精神放松,使家庭气氛和谐,就像一座桥梁一样拉近人与人之间的距离。

申申,男,11 岁,小学四年级学生。申申是一位聪明可爱、活泼好动的男孩,喜欢搜集各种军事题材的图书和武器模型,开口国防,闭口战争,柜子里的军事模型和军事图书都快装不下了。由于迷恋军事,申申最近的学习成绩有所下降。上星期天,申申在商店里看到一个火炬模型,于是要妈妈买下来,妈妈不想过分纵容他,也不想严厉批评他,就温和地对申申说:“不行啊,最近的军费已经超支了,你再买火炬,容易引起妈妈火气啊。”听到妈妈幽默的话语,申申不好意思起来了。前天,申申放学时又带了一本介绍武器的杂志回家,妈妈看到后,心平气和地对申申说:“孩子,你又储存军火了,你储存了这么多的军火,不掌握高科技怎么使用呢?”听完妈妈幽默的话,申申若有所思。

家长巧用幽默语言,化庄为谐,不仅可以让家庭教育变得平和亲切,容易接受;而且可以帮助孩子减轻压力,降低焦虑;还可以唤醒和刺激孩子的思维,促进孩子创造性思维和想象力的发展;更能保护孩子的成功感和愉悦感。那么,应该如何正确应用幽默话语呢?

1. 谐音双关

谐音双关是幽默中常用的技巧,它是根据孩子语音的特点,在一定的语言环境中,利用词语音同或音近的条件,使词语产生明暗双重意义,制造出有趣的效果。比如,临近期末考试,孩子在做作业时不小心伸脚碰倒热水瓶,热水瓶炸了,这个不合时宜的声音让孩子顿感手足无措,家长不妨说:“这可是个好兆头,马上要期末考试了,不能停留在原来的‘旧水平’上,咱也得发挥出‘新水平’来。”这样说可以使孩子迅速摆脱窘境,继续安心做作业。

2. 形褒实贬

形褒实贬的幽默技巧是指不把所有的意思和盘托出, 而是把本来可以直说的话,故意含蓄地表达出来,从而产生一种出乎意料的幽默效果。比如,孩子信手拈来写了一首诗,得意地问爸爸:“爸爸,我这首诗写得怎样?”爸爸看到孩子写的诗潦草蹩脚,可微笑着和孩子开玩笑说:“写得太好了,水平相当高,完全可以发表。不过,有个地方需略微改动一下。”孩子问:“爸爸,哪个地方需要修改?”“只要将你的名字改成徐志摩就行了。”这样一说,间接指出了孩子诗中存在的问题。

3. 欲擒故纵

欲擒故纵就是先设套让对方放松, 将孩子的期望值降到最低点或激发到最高点,而后随之而来却是相反的论断,幽默的效果就自然而出。比如,女儿对家长坦言心中的苦恼:“我从来不为任何明星的风采所打动,可自从周杰伦出现后,我萌发了今生今世非他不嫁的念头,我该怎么办?”家长诙谐地对她说:“成人之美乃传统美德,我当然乐意成全我女儿的终身大事。但遗憾的是你已是非周杰伦不嫁的第 9999 个姑娘,如果他跟 9998 个姑娘离婚之后,我会很乐意让你带上丰厚的嫁妆嫁给你心爱的人,好吗?”这寥寥数语就可能使孩子走出痴迷与狂热。

4. 生动比喻

比喻是常用的修辞手法,比喻用得妙,不仅可以为文章增色不少,而且可以使言谈生动有趣。比如,家长和孩子外出散步,孩子紧跟着家长脚步,不时踩到家长脚后跟,家长可以幽默地说:“注意保持车距!”“小心,小心,车子又要撞上了!”这样,孩子在家长的提醒下,就会适当拉开距离。

5. 因势利导

因势利导是指针对不友好的语言或攻击，顺着孩子的话说下去,把家长的反击包含其中,在抖搂幽默的同时达到反击的目的。比如,孩子不给家长看写好的作文,并且对家长说:“你又不是作家,作家才能提出修改意见,你行吗？”家长可以说:“我一辈子没下过蛋,可我能尝出鸡蛋的味道,母鸡行吗？”家长这样回答,孩子往往无言以对。

家长恰当地运用幽默语言,给孩子提供一个认识世界的窗口,提供观看世界的光线,可以帮助孩子看到世界并理解其复杂性,使孩子在笑声中体验学习乐趣,消除紧张情绪,增强生活自信。幽默是一种调味剂,它能在亲子关系需要改善的时候,调节家长与孩子之间的气氛;幽默是一种增稠剂,它能在欢声笑语中,增强家长与孩子之间的感情;幽默是一种保鲜剂,它能在日常生活的点滴之中,保护家长与孩子的沟通联系。

无心插柳柳成荫
——如何正确应用语言挖掘孩子潜能

潜能就是潜在的能量，每个孩子的潜能都是无限的。潜能开发是指提供给孩子大脑丰富而充足的刺激，诱发脑部激活各项功能，使其随着大脑发展的进程更为完善。

畅畅，男，10岁，三年级学生。畅畅妈妈是一家企业的普通职工，爸爸在深圳工作。畅畅从小就非常聪明可爱，几乎每次考试都是班级的前几名，特别是他的数学，每次考试成绩几乎都在班级前两位。昨天老师打电话向畅畅妈妈报喜，畅畅在上周举行的数学竞赛中成绩在年级中名列前茅，老师说畅畅还有许多潜能可挖，并期望下次取得更大的进步。接完老师的电话，畅畅妈妈心里感到非常高兴。等畅畅回到家，妈妈故意打通畅畅爸爸的电话，让畅畅无意间听到她和畅畅爸爸通话："畅畅爸爸，今天下午老师打电话来报喜，说我们家畅畅这次数学竞赛发挥出色，成绩在年级前列，看到他取得这么好的成绩，我为他感到骄傲。这个孩子从小就很努力，小学就经常在奥数比赛中获奖，今后一定会有广阔前途的。"等畅畅妈妈打完电话出来，发现畅畅又在做奥数题了。

人类的大脑可区划成前庭平衡、语言、视觉、听觉、触觉运动等智能区块，每个智能区块都有不同的任务，所具有的功能及特性也不相同，潜能开发就是利用这些智能区块互动的过程，激活孩子的各种智能并促进其发展。恰当的语言会鼓舞孩子学习的信心，激励孩子开发学习潜能，获得持续发展。那么，应该如何正确应用语言挖掘孩子潜能呢？

1. 发现孩子长处

家长要用一双慧眼，寻找孩子成长过程中的闪光点，鼓励孩子发扬自身优势和长处。比如，“孩子，从小学一年级开始一直到现在，你的数学就一直很棒！”“我正要查数学字典，你就发现了这道题目中的问题，你是怎么想到的？”“我喜欢你举一反三地解题，这就叫创新”等。

2. 给予积极期望

孩子年龄尚小，心智尚未完全成熟，心理能量较弱，受暗示性较强，孩子很容易相信和接受成人的判断，外来的期待容易内化成为自己的预期和判断。当一个孩子相信了自己是怎样的人后，就很有可能成为这样的人，这在心理学上叫作“罗森塔尔效应”。所以，家长要给予孩子正面鼓励，即使是一个笑容、一个眼神、平淡如水的一句话，比如，“你这次数学竞赛获奖，说明你平时很注重数学研究，数学方法掌握得比较好，爸爸妈妈为你爱动脑筋的这种品质感到骄傲，相信今后你一定会更加自如地遨游在数学王国中。”只要这些话发自内心，都能让孩子心中涌起一阵暖流，产生意想不到的效果。

3. 学会积极归因

当孩子学习取得进步时，家长可以指导孩子内归因，归功为学习努力或者能力强，这样归因可以进一步激发孩子取得成功的欲望和继续努力的动力；如果孩子偶有失败，家长可以指导孩子外归因，归因为任务太重或运气不好，这样既可为孩子开脱，使孩子获得心理平衡，也可鼓励孩子克服困难，继续努力。比如，“这次你数学考试成绩不太好，可能是题目真的很难，又可能是音乐教室的唱歌声影响到了你考试。”这样归因，孩子就不会背上心理包袱，对下次考场还会充满期待。

4. 有意变成无意

家长要创造条件，让孩子无意中听到家长的正面评价。比如，“

孩子他爸，今天我登陆数学学科网，在上面竟然有我们儿子获得一等奖的信息，看到他这么出色，我为他感到骄傲。""孩子爷爷，你家孙子平时学习认真刻苦，在这次期末考试中数学考了满分，他这么虚心好学，今后一定会有广阔前途的。"家长无意中让孩子听到这些话，孩子就会真切感受到家长的信任和赞赏。

5. 记住特殊经历

记住孩子以往的成功经历，可以激发孩子学习动力，激励孩子不断进步。比如，"你真是一个聪明的孩子，小学三年级就在奥数比赛中获得了一等奖。""我记得你小学五年级期末考试时，有一道难题班级中只有你做对。""小学六年级时，你就能找到比老师更好的解题方法"等。这些特殊经历会给予孩子信心，会激励孩子不断进步。

孩子的潜能就像一座有待开发的金矿，蕴藏无穷，价值无比。有效地开发孩子潜能，孩子的智慧就会迸发而出，勇气就会油然而生，力量就会涌流而出。作为家长，一定要科学地运用语言艺术，充分信任孩子，帮助孩子获得高度的自信、坚定的意志和强烈的愿望，帮助孩子丰富想象力，让孩子学会自我支配、自我调节和自我控制。只有这样，才能充分发挥孩子潜能，让孩子积极主动地投入到学习中去，达到预期的学习目标。

体态语言胜有声

——如何正确应用体态语言

人的喜、怒、哀、乐、爱等情绪与情感，都可以通过脸部、身体、双手的表情显现出来，人们把这种表情叫作体态语言。合理地运用体态语言，可以起到无声胜有声的效果。

峰峰，男，12 岁，初一年级学生。峰峰是一位成绩优秀、性格内敛、多愁善感的孩子，进入初一年级以后，每次考试几乎都在班级前三名。有一天，峰峰耷拉着脸、闷闷不乐地回到家里，爸爸看到儿子不高兴，就关心地问道："峰峰，今天看你好像不高兴，怎么回事啊？"峰峰随口嘟囔了一句："今天数学考试有两道大题目没做出来，考了 70 多分"。爸爸忙安慰："一次考试失败说明不了什么问题，没关系的，用不着难过。"谁知峰峰听完爸爸的话，竟情不自禁地流下了眼泪。峰峰妈妈看到这个情景后，走到峰峰身边，握着他的手，轻轻地拍着肩，温柔地把他搂到怀里，峰峰在妈妈怀里不停地流着眼泪。过了一会儿，峰峰擦干眼泪，抬起头对妈妈讲："妈妈，看来我以后要多做一些综合题，我相信我的数学成绩一定会提高的。"峰峰爸爸想不到体态语言竟有这么大的作用。

美国心理学家艾伯特·梅拉比恩曾提出："人们之间的交谈就是信息的交换，其中说话只占 7%，语调、语速、语气占 38%，面部表情和手势等肢体语言却占了 55%。"在许多情况下，体态语言能够传递比语言更加强烈的信息，尤其是在语言难以表达的时候，体态语言可以弥补说话内容的不足，能够传达只可意会不可言传的微妙情态，是了解孩子内心世界的有效桥梁。那么，应该如何正确应用体态语言呢？

1. 眼神

眼神是面部表情的重要组成部分，表达的信息十分丰富，所以一直认为它是“心灵的窗户”。亲子之间相互注视时间的长短，注视的位置，甚至眨眼的次数都可能影响到对方。比如，家长发自内心、出于真情的亲密注视，可让孩子感到关心、体贴，产生巨大的温暖效应；亲切、柔和、自然关注的眼神可让孩子感到受注意或得到鼓励、接受暗示等，从而让孩子积极地与家长沟通；严肃注视可帮助孩子认识错误，让孩子心灵震撼，吐露真情。家长学会观察孩子眼神，就可以从孩子的眼神中不断调整自己的沟通方式。

2. 表情

面部表情一般都是很直截了当的，让人一看就懂。家长微笑的面容传达真挚、诚恳、温暖，可以使亲子关系融洽，家庭气氛和谐，消除孩子紧张；家长停止微笑，露出严肃表情，是对孩子一种无言警告；家长表情沉着，会给孩子不慌不忙、胸有成竹的印象；家长板着面孔，会让孩子感到害怕，甚至会形成亲子对立情绪。

3. 手势

手势是一种表现力很强的体态语言，它是通过手和手臂的动作变化来表达信息的，常用来弥补有声语言的不足。比如，大拇指向上翘起表示肯定、称赞；食指放在嘴边，表示不能再说话了，要安静；手掌单手上抬，指向孩子，表示介绍的意思；亲切温和的招手，恰到其时的带头鼓掌可以产生巨大的激励效应，唤起孩子主动参与活动的信心和意识。

4. 身姿

身体姿势受人的情绪、感觉、兴趣的支配和驱使。家长在与孩子沟通时要举止得体、彬彬有礼、落落大方、姿势正确、动作协调，最好是在与孩子面对面的体态基础上保持身体微微前倾，这种姿势表示对孩子的谈话很感兴趣。这样一来，会使孩子觉得家长很尊重自己，谈话才能取得满意的效果。如果家长在与孩子交流时，要么歪靠在椅子上，边抽烟边谈话；要么边看书，边写字，边听孩子说话，这都会挫伤孩子的自尊心，觉得家长不重视自己，不愿意继续谈下去。

5. 步伐

步伐表达着思考、接近、信心等信息。家长巧妙运用步伐，可以给予孩子暗示，拉近亲子之间的距离。比如，在思考时用踱步，在接近时用慢步，在催促时用快步，在安慰时用轻步，在激励时用重步。但是决不可以滥用步伐，上蹿下跳，突然骚动，这样都会破坏亲子沟通的气氛。

体态行为具有说话功能，可以说是一种无声的语言。亲子沟通时家长不宜反复使用一种体态语言，以免使孩子感到单调厌烦，多种肢体结合使用，收到的效果更好。使用任何一种肢体语言时，其幅度也不宜过大，否则就会显得过分。体态之妙，贵在有真意，切忌无用和夸张之举；体态之妙，贵在含蓄，切忌直白外露、乱舞乱挥；恰当的体态语言，可以展示家长的内在精神气质，体现自身的文化素养和审美观念，给孩子恰如其分的引领。

后 记

世界上所有的爱都是以相聚为目的，只有一种爱例外，那就是家长对于孩子的爱，孩子终有一天会带着家长播下的种子离开家庭，去开创自己的世界。孩子的心是一块神奇的土地，播下思想的种子，就会获得行为的收获；播下行为的种子，就能获得习惯的收获；播下习惯的种子，就能获得品德的收获；播下品德的种子，就能得到命运的收获。如果家长爱自己的孩子，就要爱护善良美好的心灵，给孩子一段幸福温暖的时光，一个宽松自由的空间，让孩子自由地飞翔，用智慧和勇气去丈量属于他们自己的天空。

孩子就像一株幼苗，生长中既需要水分，也需要土壤、阳光和养料。在家庭教育中，家长应该从多种角度来培养提升孩子的素质能力，形成综合素养。一方面要注重培养孩子独立思考和解决问题的能力，家长在学习辅导上，不能够亦步亦趋，要注重培养孩子独立解题的思路与技巧，而不能一味地代为分析，要为孩子留出可供自己思考和解决问题的空间，形成主动学习的习惯。另一方面，要锻炼孩子独立的人格，有效保护和鼓励孩子的自尊心、自信心和学习兴趣，适当地让孩子承担失败的结果，引导孩子依靠自己的力量迅速走出困境。这样孩子才能够正视自己的弱点，才能够在遭遇挫折时拥有坚韧的毅力，自强自立不依附于人。最后，还要教导孩子学会有目的性的进行自我约束与管控，能够通过道德标准，判断并抑制自己的不当行为，提高自律能力，自觉地调整自己的行为，健康快乐地成长。

为帮助广大家长更好地教育好孩子，我们于 2014 年 9 月开始撰写这本《成功的家教塑造优秀的孩子》，详细解答家长的困惑。在撰写过程中，得到了许多领导和老师的大力关心和帮助，特别是育婴师曹慧珠的大力帮助，在此一并表示感谢。由于我们的知识水平有限，书中不当之处敬请大家批评指正。

2017 年 6 月 25 日